POLYGLOTT

B
Oberschwaben

Mit 34 Illustrationen
sowie 16 Karten und Plänen

POLYGLOTT-VERLAG
MÜNCHEN

Herausgegeben von der Polyglott-Redaktion
Verfasser: Wilhelm Voss-Gerling
Bearbeitet von Andrea Petri und Dr. Gabriele Rüttnauer
Zeichnungen: Karl Bauer-Oltsch
Karten und Pläne: Adolf Benjes
Umschlag: Toni Blank

*

Wir danken den städtischen Verkehrsbüros für die wertvolle Mitarbeit.

Ergänzende Anregungen, für die wir jederzeit dankbar sind, bitten wir zu richten an:
Polyglott-Verlag, Redaktion, Postfach 40 11 20, 8000 München 40.

Alle Angaben (ohne Gewähr) nach dem Stand Februar 1990

*

Zeichenerklärung:

Information
Hotels mit größtem Komfort — Hotels mit großem Komfort
Hotels und Gasthöfe mit ausreichendem Komfort
Jugendherbergen — Campingplätze
Eisenbahnverbindungen — Autobusverbindungen
Flugverbindungen — Schiffsverbindungen — Schwimmbäder

Die in eckigen Klammern stehenden Ziffern decken sich mit den auf den Plänen eingezeichneten Ziffern.

Kilometerangaben hinter Ortsnamen zeigen die Entfernung vom Beginn der jeweiligen Route aus an.

Farbige Ziffern am Seitenrand weisen auf die Routennummern hin.

*

Wertung der Sehenswürdigkeiten:

** kennzeichnen bedeutende Landschaften, Orte, Gebäude oder Kunstwerke. Um sie zu sehen, lohnt sich ein Umweg.

* kennzeichnet sehenswerte Objekte, die man in einem Land, in einem Ort oder an einem Gebäude beachten soll.

*

18. Auflage · 1990/91

Printed in Germany / Druckhaus Langenscheidt, Berlin / Bw. VII. En.
ISBN 3-493-60607-9

Blick auf Überlingen, Bodensee und Schweizer Berge

Land und Leute

Keine deutsche Landschaft hat so früh die Dichter begeistert wie die Reichenau und mit ihr der Bodensee. Der aus dem Bodenseegebiet stammende Reichenauer Mönch und spätere Abt Walahfrid Strabo (um 809–49) singt in seiner Dichtung Vision des Wettinus: „Dort erhebt sich inmitten der Flut (des Bodensees) die liebliche Insel, Reichenau wird sie genannt, im Herzen Germaniens liegt sie". Seitdem ist die Schönheit der Bodenseelandschaft bis in unsere Tage hinein immer wieder besungen worden.

Sehr früh befaßten sich Dichter und Erzähler aber auch mit den Menschen dieser Landschaft. Vor allem die ältere Literatur schildert diese Menschen als eine besondere Art von Schildbürgern. Aufschneidergeschichten sind einige Klosterschwänke aus St. Gallen (10./11. Jh.), und das älteste deutsche Lügenmärchen ist der zu Anfang des 11. Jahrhunderts entstandene „Lügenschwab". Die Erzählung von den „Sieben Schwaben" ist ebenso ein Charakterspiegel des schwäbischen Volkes wie das Lied von der schwäbischen Eisenbahn.

Es ist eine heitere Melodie, die den Besucher dieses Landes empfängt. Heiter und lieblich ist die Natur, freundlich sind die Menschen. Nur selten mischen sich herbe Züge in das Bild, etwa im Gebiet des Federseemoores in Oberschwaben. Düstere Züge nimmt es gelegentlich an, wenn ein plötzlicher Sturm über dem Bodensee

heraufzieht und die Wasser des Sees aufwühlt. Balladenhafte Geschehnisse, wie sie etwa Gustav Schwab in seinem Gedicht „Der Reiter auf dem Bodensee" schildert (ein Reiter überquert, ohne es zu wissen, bei Nacht und Nebel den zugefrorenen Bodensee und bricht, als er dies erfährt, vor Schreck tot zusammen), gehören heute ins Reich der Dichtung.

Der heitere, großenteils an südlichere Breiten erinnernde Charakter der Bodenseelandschaft hat dieses Gebiet zu einem bevorzugten Ferienzentrum der nach dem sonnigen Süden sich sehnenden Reisenden aus Deutschland und nordeuropäischen Ländern werden lassen. Der Bodensee mit seinen blühenden Gestaden lädt zum Segel- und Surfurlaub ein. Oberschwaben, das „Himmelreich des schwäbischen Barocks", regt zu ausgedehnten schönen Rad- und Wandertouren an.

Naturlandschaft und Kunstlandschaft sind gleichermaßen anziehend; die Natur durch die Üppigkeit ihres Pflanzenwuchses, die Kunst durch die Vielfalt und Qualität des gesamten Schaffens, das hier sowohl in kirchlichen als auch in weltlichen Bauwerken reichen Niederschlag gefunden hat.

Dieser Reiseführer beschränkt sich jedoch auf den deutschen Anteil am Bodenseegebiet und schenkt vom österreichischen und schweizerischen Teil lediglich der Uferlandschaft noch einige Beachtung.

3

Lage, Grenzen, Größe

Zum Bodenseegebiet im weiteren Sinne gehören geographisch, historisch und kulturhistorisch die Uferlandschaften rings um den See, also der Hegau und Linzgau, Oberschwaben zwischen Bodensee und Donau, das westliche Allgäu, der Nordwesten Vorarlbergs, das Appenzeller Land und die nördlichen Teile der schweizerischen Kantone St. Gallen und Thurgau.

Die deutsche Bodenseelandschaft wird im Westen von den Höhenzügen Randen und Länge, die zur Schwäbischen Alb gehören, begrenzt, und im Norden bis nach Ulm hin mehr oder weniger durch das Donautal, das allerdings geographisch gesehen von Tuttlingen bis Sigmaringen der Schwäbischen Alb zuzurechnen ist. Im Osten verläuft die Grenze zwischen Ulm und Leutkirch annähernd im Tal der Iller und weiter südlich an der Wasserscheide zwischen Iller und Bodensee, im Süden schließlich durch den See selbst. Am Südufer des Bodensees ist Konstanz die einzige deutsche Stadt.

Bis auf den bayerischen Kreis Lindau, der lang und schmal wie ein Korridor Bayerns zum Bodensee zwischen den Ländern Vorarlberg und Baden-Württemberg liegt, gehört dieser Bodenseeraum zum Land Baden-Württemberg. Mit rund 5750 km² macht dieses Gebiet etwas weniger als ein Sechstel des Landes Baden-Württemberg aus. Seine rund 900 000 Einwohner entsprechen ungefähr einem Neuntel der baden-württembergischen Bevölkerung.

Bodengestalt

Zwei erdgeschichtliche Vorgänge haben die Bodenseelandschaft geformt: im Tertiär die Entstehung der Alpen und des ihnen vorgelagerten Molassetroges; im Quartär die Vergletscherung der Alpen und ihres Vorlandes. Der zwischen den Alpen und der Schwäbischen Alb gelegene Molassetrog war ein gewaltiges Becken, in dem die bei der Entstehung der Alpen (und auch der Alb) anfallenden Schuttmassen von den Flüssen abgelagert wurden. Zweimal füllten tertiäre Meere und zweimal Süßwasserseen den Trog aus.

Gegen Ende des Tertiärs wurde er mehrere hundert Meter über den Meeresspiegel emporgehoben, so daß er bis auf Flußläufe austrocknete. Um diese Zeit scheint es bereits zu Brüchen und Verwerfungen gekommen zu sein, die das Entstehen des Bodensees vorbereiteten. Die tertiären Ablagerungsschichten des Troges heißen Molasse. Als beherrschende Berge ragen sie über die jüngeren Schichten des Quartärs hinaus. Molassehöhen sind der Pfänder, der Schiener Berg, der Gehrenberg, der Heiligenberg und der Bussen. Die Steilufer am Überlinger See sind Molassewände. Einen eigenartigen Eindruck machen die Molasse-Felstürme im Sipplinger Dreieck.

Im Diluvium, dem Hauptabschnitt des Quartärs, vergletscherten die Alpen infolge einer Klimaverschlechterung, die aber nicht konstant war. Der Umfang der Alpenvergletscherung war daher starken Veränderungen unterworfen. Am größten war er in den vier Kälteperioden, die nach vier schwäbischen Flüssen als Günz-, Mindel-, Riß- und Würmeiszeit bezeichnet werden. Zwischen diesen Eiszeiten lagen Zeiten milderen Klimas, die sogenannten Zwischeneiszeiten, die dem Menschen ein Vordringen nach Oberschwaben (Federseegebiet) ermöglichten.

Die Eismassen des Rheingletschers stießen in mehreren Schüben weit in das Molassebecken vor und überschritten in der

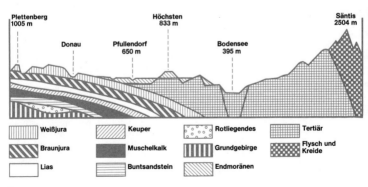

Plettenberg 1005 m		Höchsten 833 m				Säntis 2504 m
	Donau	Pfullendorf 650 m		Bodensee 395 m		

Weißjura		Keuper		Rotliegendes		Tertiär	
Braunjura		Muschelkalk		Grundgebirge		Flysch und Kreide	
Lias		Buntsandstein		Endmoränen			

4

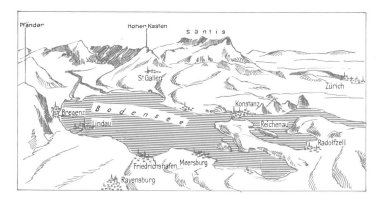

Rißeiszeit zwischen Sigmaringen und Riedlingen sogar die Donau. Das Ravensburger Becken und das Federseegebiet bildeten ein Zungenbecken des Rheingletschers. In der jüngeren Würmeiszeit erreichte der Rheingletscher keine so große Ausdehnung mehr. Die Linie Stockach–Schussenried–Isny kennzeichnet am besten die ungefähre Grenze. Die Endmoränen der Würmeiszeit sind im Gegensatz zu denen der Rißeiszeit sehr gut erhalten. Sie bilden hohe, waldbedeckte und heute vielfach von Burgen gekrönte Wälle. Auf einem dieser Wälle erhebt sich die Waldburg.

Die bis zu 1000 m dicken Eismassen, die unvorstellbare Mengen von Geröll und Schutt in das Molassebecken geschafft und so die Aufschüttungsvorgänge des Tertiärs auf ihre Weise fortgesetzt haben, trugen auch wesentlich zur Ausformung des Bodenseebeckens bei. Die tertiären Brüche und Verwerfungen scheinen die Hauptmasse des Eises in nordwestliche Richtung, also in die Richtung des heutigen Bodenseebeckens, gelenkt zu haben. Der Obersee des Bodensees war der Mittelpunkt, von dem die sechs Zungenbecken des Rheingletschers wie mächtige Finger ausgingen. An diese Zungenbecken erinnern heute auf deutschem Boden die Einzugsgebiete der Flüsse Argen und Schussen und die sogenannte Frickinger Linie, die im oberen Teil durch die Aach gekennzeichnet wird. Der Überlinger See und der Untersee, die ebenfalls solche Zungenbecken waren, sind infolge tektonischer Vorgänge unter den Seespiegel abgesunken.

Neben dem hügeligen Land zwischen Bodensee und Donau, das seine Form der Eiszeit verdankt, und der gebirgigen Welt des Allgäus, die aus tertiären Schichtge-

steinen besteht, nimmt sich die Vulkanlandschaft des Hegaus fremdartig aus. Der Beginn des Hegau-Vulkanismus fällt in das Tertiär. Nach einer stürmischen ersten Periode, in der beachtliche Gesteinsmassen ausgestoßen wurden, stieg in den Schloten des Hohentwiel und des Hohenkrähen Phonolith („Klingstein") auf, der jedoch die Erdoberfläche nicht erreichte. Erst durch eiszeitliche Erosion (Abtragung) wurde der Phonolith freigelegt. Basalt steckt in den Schloten des Hohenstoffeln, Hohenhewen und Höwenegg. Teilweise ist die Basaltmagma auch bis zur Oberfläche vorgestoßen.

Die Vulkane sind heute nur noch „Ruinen". Das verhältnismäßig weiche Gestein, aus dem ihre Kegel gebildet waren, ist abgetragen worden. Die ehemaligen Kraterränder lagen einige hundert Meter höher als die Schlotspitzen, die jetzt die Gipfel der Berge bilden. Die Phonolithkuppen stellen im Osten des Hegaus, die Basaltkuppen im Westen eine nord-südlich angeordnete Reihe dar. Beide Reihen erheben sich über tiefen Spalten in der Erdkruste, die sich mit dem Bonndorfer Graben schneiden, in dem auch das Vulkangebiet des Kaiserstuhls liegt. Die Tiefenstruktur des Hegaus begünstigte somit also das Entstehen einer Vulkanlandschaft.

Gewässer

Bodensee, Iller und Donau begrenzen die Landschaft Bodensee/Oberschwaben. Der Bodensee ist mit 539 km² der zweitgrößte See Westeuropas, die Donau mit 2860 km der zweitlängste Strom Europas. Zwischen Bodensee und Donau liegen im Bereich der Endmoränen zahlreiche größere und kleinere Seen, ein Bruchteil nur noch von denen, die beim Abschmelzen des Eises zwischen den Moränenwällen und dem Eisrand entstanden sind. Viele dieser Seen sind längst zu Moor und Ried geworden, andere dagegen sind ausgetrocknet.

Kaum weniger zahlreich als die Seen sind die Bäche und Flüsse, die teils zur Donau, teils zum Bodensee, also zum Rhein, streben. Ursprünglich war der Rhein ein Nebenfluß der Donau, und die Schmelzwasser der Rißeiszeit flossen zur Donau hin ab. Mit dem Moränenwall der Würmeiszeit, der vierten größeren Vereisung im Bereich der Alpen, entstand eine Wasserscheide zwischen Rhein und Donau, die in west-östlicher Richtung etwa mitten durch Oberschwaben verläuft. Die wichtigsten Zuflüsse zum Bodensee sind Argen und Schussen, zur Donau Rot und Riß.

In gewissem Sinne ist auch die obere Donau ein Nebenfluß des Rheins. Zwischen Immendingen und Fridingen versickert ein beträchtlicher Teil des Donauwassers in der oberen Muschelkalkschicht. Auf einer wasserundurchlässigen Mergelschicht gelangt es in den Aachtopf (1,3–24 m³ Schüttung in der Sekunde), der die Aachquelle bildet. Die Aach mündet als Hegauer Aach westlich von Radolfzell in den Bodensee. Zur Versickerung des Donauwassers kommt es durch einen Karstwasserspiegel, der nur wenige Meter unter dem Donaubett steht und dem das Donauwasser durch jede Kluft zustrebt. Der tiefste Punkt, den das Karstwasser auf kürzestem Weg erreicht, ist mit 475 m der Aachtopf, der von Immendingen 12, von Fridingen 20 km entfernt ist. Bis zu einem gleich tief gelegenen Punkt im Donaubett (an der Rotmündung) müßte das Wasser einen Weg von 160 (bzw. 130) km zurücklegen. Die Vollversickerungstage der Donau sind nicht in allen Jahren gleich. 1921, einem Rekordjahr, waren es mehr als 300.

Der Donauzufluß und alle übrigen kleineren Zuflüsse zum Bodensee machen nur 27 % des Gesamtzuflusses aus. 73 % des jährlich dem Bodensee zugeführten Wassers schafft der Rhein heran. Der Gesamtzufluß beläuft sich im Jahresdurchschnitt auf rund 12 000 Millionen m³. Hinzu kommen rund 420 Millionen m³ Niederschläge. Diesem gewaltigen Wasserreservoir werden vom Zweckverband Bodensee-Wasserversorgung jährlich etwa 70 Millionen m³ entnommen, und zwar aus einer Tiefe von 60 m in der Nähe von Sipplingen. Das Wasser wird durch eine 160 km lange Fernleitung von 130 cm Durchmesser und durch 135 km Anschlußleitungen den Mitgliedsstädten des Zweckverbandes im südlichen Schwarzwald, am westlichen Albrand und in Mittelwürttemberg zugeführt. Eine Million Menschen außerhalb des Bodenseeraumes sind somit vom Bodenseewasser abhängig, ein weiterer wichtiger Grund, unbedingt für die Reinhaltung des Sees zu sorgen.

Die Menge der schädlichen Abwässer, die dem See zugeführt werden, ist vor allem durch das Wachstum der Industrie in den letzten Jahrzehnten so stark gestiegen, daß hier und da bereits von einer Gefährdung des Sees gesprochen werden mußte. Dieser Entwicklung ist nun vor allem durch den Bau von zahlreichen Kläranlagen Einhalt geboten worden. Es ist daher zu hoffen, daß der Grad der Gefährdung des Bodensees (besonders hoch in den weniger tiefen Teilen wie dem Gnadensee) nach und nach abnimmt und damit die Kraft der biologischen Selbstreinigung auch außerhalb der großen Tiefen (der See ist bis zu 252 m tief) wieder zuehmen kann.

Gegenüber dem Bodensee spielen alle anderen Gewässer des Gebietes nur eine recht untergeordnete Rolle. Das gilt auch für die Donau. In landschaftlicher und somit auch in touristischer Hinsicht sind sie jedoch fast alle schätzenswerte Bereicherungen.

Klima

Für das Klima spielt der Bodensee eine ähnlich bedeutsame Rolle wie für den Wasserhaushalt. Der See wirkt als riesiger Wärmespeicher, der im Herbst und Winter rund 131 Billionen große Wärmein-

Mühlheim Fridingen
DONAU
Tuttlingen
T.- Möhringen
Immen-
dingen
E.-Liptingen
Rhein- Donau-Wasserscheide
Engen Aach Aachtopf
= Gebiete der Vollversickerung
= Sonstige Versickerungsstellen
= Einzugsgebiet der Aachquellen

heiten (kcal) an seine Umgebung abgibt. Das entspricht der Heizkraft von über 17 Millionen Tonnen Steinkohle (= ungefähr 20 % der jährlichen deutschen Steinkohlenförderung). Durch diese Wärmeabgabe verlängert der Bodensee den Herbst beträchtlich und gestaltet er den Winter mild. Infolge der langsamen Erwärmung im Frühjahr verzögert er allerdings den Frühlingseinzug. Dennoch ist die Vegetationsdauer im Bodenseegebiet sehr lang. Die mittlere Jahrestemperatur liegt bei 9 °C (Zugspitze -5 °C; Rheintalgraben 10,2 °C). Weder im Winter noch im Sommer werden normalerweise extreme Temperaturen erreicht. Das gilt mit gewissen Einschränkungen auch für die bodenseefernen Gebiete Oberschwabens. Die Uferlandschaften des Bodensees gehören nächst dem Oberrheinischen Tiefland zu den klimatisch am meisten begünstigten Gegenden Deutschlands.

Im größten Teil des Bodenseegebietes sind die Niederschläge weit geringer als im gesamten übrigen Alpenvorland. Sie erreichen in der Uferzone und in dem zum Bodensee entwässernden Teil Oberschwabens (diese Grenze ist nicht ganz genau) einen Jahresdurchschnitt von 800 bis 1000 mm, im Donauraum von 600 bis 800 mm. Nach einer schmalen 1200-mm-Zone im Raum Lindau-Wangen steigen sie im Allgäu auf 1600 bis 2000 mm an. Etwa ein Drittel der Niederschlagsmenge fällt im Sommer an, hauptsächlich im Monat Juli. Es sind allerdings vorwiegend kurze, sehr kräftige Schauer, aus denen die hohe Niederschlagsmenge hier resultiert. Den Schauern folgt meist sogleich wieder Sonnenschein. Ein Bodenseesommer ist also keinesfalls unbedingt ein Regensommer.

Ein wesentlicher Teil der Sommerniederschläge steht mit Gewittern in Verbindung, die in erster Linie als Wärmegewitter aus dem Raum Schaffhausen-Waldshut über den Bodensee hinziehen und im Juli am häufigsten vorkommen. Es ist typisch für die Bodenseegewitter, daß sie besonders oft zwischen 16 und 18 und zwischen 20 und 22 Uhr auftreten. Die mächtigen Gewitterfronten geben mit ihren dunklen Wolkenmassen der lieblichen Bodenseelandschaft binnen kurzem ein düsteres und beängstigendes Aussehen. Die von Gewitterböen hervorgerufene Wellenbewegung des Sees kann sehr stark werden, so daß es sich zum Beispiel für Bootsfahrer empfiehlt, beim Herannahen eines Gewitters das Ufer aufzusuchen. Die Wellen des Sees können bei langer Einwirkung eines Sturmes bis zu 1,50 m Höhe erreichen.

Nebel tritt am Bodensee verhältnismäßig selten auf. Die Uferorte haben zwischen 20 und 40 Nebeltage im Jahr, von denen 80–90 % zu etwa gleichen Teilen in den Spätherbst und in den Winter fallen. Schon in mäßiger Entfernung vom Ufer nimmt allerdings die Zahl der Nebeltage erheblich zu. So steht Lindau mit nur 20 Nebeltagen Ravensburg mit mehr als 70 gegenüber.

Eine Besonderheit des Bodenseeklimas ist der Föhn, ein trockenwarmer Fallwind, der besonders aus dem Tal des Alpenrheins über den südöstlichen Bodensee bis nach Langenargen vordringt. Er ist ein Schlechtwettervorbote, der oft einen sehr plötzlichen Wetterumschlag ankündigt. Von leichteren Böigen Vorstößen kann er sich bis zu einem tagelangen Südsturm steigern, der im Frühjahr die große Schneeschmelze im Gebirge auslöst. Für Ruderer und Segler stellt er immer eine ernste Gefahr dar. Wetterfühlige Menschen leiden unter diesem Wind, der hauptsächlich im Spätherbst auftritt, so daß sie gut daran tun, in dieser Jahreszeit die westlichen Gebiete des Bodensees zu bevorzugen.

Beständiger als der Föhn sind die temperaturausgleichenden Land- und Seewinde in der Uferzone, die in den Sommermonaten besonders wichtig sind. Das Land erwärmt sich während des Vormittags erheblich schneller als das Wasser. Infolgedessen steigt die warme Luft über dem Lande auf, so daß kühlere Luft vom See her einfließen kann. Da dieser Seewind im Sommer schon am frühen Vormittag zu wehen beginnt und erst am späten Nachmittag nachläßt, werden auch sehr heiße Tage in der Uferzone erträglich. Ins Landesinnere dringt der Seewind allerdings nur unwesentlich vor. Bei Nacht vollzieht sich ein umgekehrter Vorgang. Das Land kühlt schneller ab, so daß ein frischer Wind zum See hin weht, der die erwünschte Abkühlung bringt. Die während des Tages über dem Lande aufsteigende Warmluft kühlt sich in größerer Höhe ab und bildet die mächtigen Haufenwolken, die so oft rings um den Bodensee stehen, während über dem See selbst blauer Himmel lacht.

Flora und Fauna

Die Pflanzenwelt des Bodenseegebietes ist besonders im Nordwesten reich an großen und kleinen Besonderheiten. Dank dem milden Klima, das diese Gegend zu einem der höchstgelegenen Weinbaugebiete Mitteleuropas macht, kommen hier subtropische und sogar einige tropische

Pflanzen im Freien vor. In überraschender Fülle gedeihen sie auf der Blumeninsel Mainau: Palmen, Bananenstauden und viele herrliche Pflanzen aus tropischen Breiten blühen hier ähnlich wie in ihrer Heimat.

Schlichter sind zum größten Teil die Blumen und Gräser, die man in den zahlreichen Naturschutzgebieten oder geschützten Landschaftsteilen am Bodenseeufer entdecken kann. Meist sind es Riedpflanzen aller Art, die hier das Bild beherrschen. Das gilt auch für die Seen und Moore in Oberschwaben, in erster Linie für das Federseemoor. Vereinzelt gesellt sich zu Blumen und Gräsern der Strandwald, der mit Schwarzpappeln, Eichen und Birken ein Ufergebüsch bildet. Im übrigen ist der Wald am Bodenseeufer, das fast überall Kulturlandschaft geworden ist, eine Seltenheit. Einen der größten Waldbestände am Seeufer tragen die Steilhänge des Überlinger Sees zwischen Bodman und Wallhausen (bei Dingelsdorf).

Das Hauptverbreitungsgebiet des Waldes ist die Moränenlandschaft zwischen Stockach und Isny, da ihre mineralreichen Böden sehr waldfreundlich sind. In den Wäldern haben sich Buchen, Tannen und Fichten zusammengefunden. Der Tannenwald ist besonders schön am Gehrenberg. In wärmeren Lagen herrscht der Buchen-Eichen-Wald vor, der vielfach mit edlen Laubhölzern durchsetzt ist (Esche, Ahorn, Ulme). Auch Tanne, Kiefer und Lärche finden sich in dieser Waldgemeinschaft.

Im Gebiet von Salem erreichen die Nadelhölzer Höhen bis zu 50 m. Eines der schönsten Waldgebiete ist der Altdorfer Wald zwischen Weingarten und Bad Waldsee. In den Wäldern des Forstamtes Baindt, die besonders reich an Arten sind, stehen hundertjährige über 30 m hohe Roterlen. Im Dornachried stößt man auf die Bergkiefer und auf ihre Krüppelform, die Legföhre.

Die Weideflächen der Allgäus werden von Bauernwäldern unterbrochen, in denen hauptsächlich Tannen, Fichten und Buchen vorkommen. Im Illergebiet hat der ehemalige Ulmer Holzhandel große Kahlschläge verursacht. Hier macht die Wiederaufforstung gute Fortschritte.

In den Wäldern gibt es beachtliche Bestände an Rehen und Wildschweinen, aber in erster Linie ist die Fauna doch durch Vögel und Fische vertreten. Die Naturschutzgebiete sind zum großen Teil wahre Vogelparadiese. Das gilt ganz besonders von der Vogelfreistätte Mettnau am Gnadensee genannten Seeabschnitt. Unter den mehr als hundert am Bodensee festgestellten Vogelarten nehmen der Zahl nach die Lachmöwen und Bläßhühner die ersten Plätze ein.

Bläßhühner sind eine beliebte Jagdbeute. Die im Herbst stattfindende Belchenjagd (die Bläßhühner werden mundartlich Belchen genannt) wird von vielen allerdings nicht gern gesehen. Die Vögel selbst wissen sich ihren Jägern weitgehend zu entziehen, in dem sie sich in das schwer zugängliche Wollmatinger Ried gegenüber der Insel Reichenau zurückziehen.

Unter den Durchzugvögeln und Wintergästen befinden sich der Kormoran, die Rohrweihe, die Sturmmöwe, der Schilfrohrsänger und die Große Rohrdommel.

Einen prachtvollen Anblick bieten die Höckerschwäne, die seit 1927 als Brutvögel auf dem Bodensee leben.

Fischerei

In erster Linie beleben Lachsfische den Bodensee: der berühmte Blaufelchen, der Gangfisch und die Seeforelle. Daneben gibt es noch etliche andere Felchenarten, den Hecht, den Barsch und die allerdings nicht gerade häufig vorkommenden Wels, der am Bodensee Weller genannt wird und der größte Fisch des Sees ist. Er kann 2 m lang und 100 kg schwer werden. Allem Anschein nach hält er sich hauptsächlich im Mindelsee nordöstlich von Radolfzell auf, wird aber immer seltener gefangen.

Der Untersee ist erheblich fischreicher als der Obersee. Während im Obersee im Jahresdurchschnitt je Hektar knapp 10 kg Fische gefangen werden, beläuft sich das Fanggewicht im Untersee auf knapp 19 kg je Hektar. Der Obersee ist mehr als siebenmal so groß wie der Untersee, der Untersee bringt aber beinahe ein Fünftel des Gesamtfanges. Blaufelchen und Seeforelle werden vorwiegend im Obersee gefangen und machen hier mehr als die Hälfte des Gesamtfanges aus. Dies ist ein Zeichen dafür, daß diese Fischarten die tieferen Gewässer bevorzugen (der Untersee hat eine mittlere Tiefe von nur 28 m). eine Ausnahme macht der Gangfisch.

Bevölkerung

Die Bevölkerung ist alemannischer Herkunft und daher sprachverwandt mit den Schwaben im südlichen Alt-Württemberg und in Bayerisch-Schwaben, mit den Südbadenern, den Elsässern, den Bewohnern der deutschsprachigen Schweiz, Liechtensteins und Vorarlbergs. Dies ist der Raum, den der germanische Stamm der Alemannen seit dem 3. Jahrhundert n. Chr. nach und nach besiedelt hat. Zuvor hielten die Römer dieses ursprünglich keltische Gebiet besetzt. Ein weiteres Vordringen der Alemannen versuchten sie durch Anlage von Kastellen zu verhindern.

Der Stamm der Alemannen, der seit der Karolingerzeit bevorzugt den Namen Suebi (= Schwaben) führt, besiedelte zunächst nur bereits erschlossene Gebiete, von denen für uns das Bodenseeufer und die nordwestlichen Bodenseelandschaften, nämlich der Hegau und der Linzgau, von Bedeutung sind. Auch das nördliche, der Donau zugewandte Oberschwaben scheint schon bei dieser ersten alemannischen Landnahme erfaßt worden zu sein.

Erst in merowingisch-karolingischer Zeit begann man mit der Rodung und Besiedlung der waldbedeckten Moränenlandschaft zwischen Stockach und Isny. Diese zweite Landnahme hat sich über Jahrhunderte hingezogen und war noch längst nicht beendet, als die Zisterzienser ins Land kamen und der Kolonisationsarbeit neuen Auftrieb gaben.

Die altbesiedelten Gebiete sind von den neubesiedelten leicht durch die Ortsnamenendungen zu unterscheiden. Ortsnamen auf -ingen kennzeichnen eindeutig die Altsiedelgebiete. Das gilt durchweg auch für Ortsnamen, die auf -heim, -dorf, -hausen und -stetten enden. Hingegen bezeichnen Endungen wie -wald, -brand, -kirch, -burg, -reute spätere Rodungssiedlungen, somit also neubesiedelte Gebiete.

Der Verlauf der Geschichte führte zu einer Zersplitterung des alemannischen Stammesgebietes und damit auch zu Differenzierungen innerhalb des alemannisch-schwäbischen Stammes. Die Bevölkerung am Bodensee und in Oberschwaben ist im Kern schwäbisch geblieben, aber der Oberschwabe unterscheidet sich vom Seeschwaben, der württembergische vom badischen Schwaben, der bäuerliche vom ehemals reichsstädtischen.

Siedlungsform

Die alemannische Siedlungsform war der Weiler, der sich im Laufe der Zeit zum Haufendorf entwickelt hat, das normalerweise mit einer Gewannflur verbunden ist. Gegenüber dieser Siedlungsform in Altsiedelgebieten steht die Form des sehr kleinen Weilers und mehr noch des Einzelhofes in den Rodungsgebieten. Der Einzelhof (Einöde) verbreitete sich seit der zweiten Hälfte des 17. Jahrhunderts vom Illergebiet her auch über die altbesiedelten Teile Oberschwabens und weit in den altbesiedelten Linzgau hinein. Dies war die Folge einer von der Reichsabtei Kempten ausgehenden Flurreform, deren Ziel es war, den Hof mitten in seinen arrondierten Besitz zu legen. Die Vorteile dieser „Vereinödung" wurden westlich der Iller klar erkannt, so daß die Schaffung von Einöden bis gegen 1850 fortgesetzt wurde. Oberschwaben, ganz besonders hier aber das Gebiet der Endmoränen, ist heute noch die typische Einödlandschaft.

Die verbreitetste Form des Bauernhauses ist die des quergeteilten Einhauses, also eines Hauses, in dem Mensch und Vieh unter einem Dach untergebracht sind. Eine einheitliche Form besteht allerdings nicht mehr. Der ursprünglichen Form kommt wohl das altoberschwäbische Bauernhaus am nächsten, durch dessen Mittelteil sich die Tenne zieht. Zu beiden Seiten der Tenne liegen Ställe, an die sich auf der einen Seite die Wohnräume, auf der anderen Wirtschaftsräume anschließen. Von dieser Grundform weichen das Linzgauhaus und das Allgäuer Haus ganz beträchtlich ab.

In Oberschwaben und am Bodensee herrscht Anerbenrecht (ein Kind, meist der älteste Sohn, erbt den ganzen Hof). Hierauf ist weitgehend die verhältnismäßig dünne Besiedlung des Gebietes zurückzuführen. Nur von der Südwestalb her greift das Gebiet der Realteilung mit kleinen und kleinsten Landwirtschaften herüber. Während dieses Gebiet für die Industrialisierung geeignet ist, kann die Industrie im Anerbenbereich nach wie vor nur schwer Fuß fassen.

So sehr vor allem Oberschwaben ein Bauernland ist, so zählt es andererseits mit dem Bodenseegebiet doch eine erhebliche Anzahl von Städten, die zum großen Teil Reichsstädte gewesen sind. Einige von diesen Städten sind allerdings nie volkreicher gewesen als manches große Dorf, aber sie alle haben ein wenig Geschichte gemacht.

Landwirtschaft

In der Landwirtschaft gibt es je nach der Niederschlagsmenge, Höhenlage und Entfernung vom Bodensee recht unterschiedliche Produktionszonen. In den klimatisch günstigsten Gebieten sind vor allem Intensivkulturen anzutreffen. Der Weinbau, der rund um den westlichen

Bodensee einmal eine sehr große Rolle gespielt hat, ist heute auf eine Anbaufläche von etwa 170 ha eingeengt. An seine Stelle ist auf der alten Weininsel Reichenau und an anderen Stellen der Gemüseanbau getreten. Die Insel Reichenau, die jährlich zwei bis vier Gemüseernten hat, wird wegen ihres frühen Edelgemüses das „Frühbeet Deutschlands" genannt. Obwohl klimatisch nicht so begünstigt wie die Reichenau und das Überlinger Ufer, hat sich auch die Halbinsel Höri zu einem bedeutenden Gemüseanbaugebiet entwickelt, dessen Produkte von den Maggi-Werken in Singen verwertet werden. Die Halbinsel hat ihres Zwiebelanbaus wegen den Namen „Zwiebelhöri" erhalten.

Zu den Intensivkulturen gehört ferner der Obstbau, auf den im gesamten Bodenseegebiet sehr viel Mühe verwandt wird, und der Hopfenanbau, dessen Zentrum bei Tettnang liegt. Der Tettnanger Hopfen besitzt Weltruf. Auch der Tettnanger Spargel hat einen guten Namen.

An die Uferzone schließt sich ein Gebiet an, in dem hauptsächlich Hackfrüchte angebaut werden, wie sie auch im Donautal anzutreffen sind. In Oberschwaben steht der Getreideanbau im Vordergrund, in höheren Lagen allerdings mehr noch der Anbau von Futterpflanzen und die Viehzucht. Unter den Getreidesorten nimmt der Dinkel eine Sonderstellung ein, der auch das „Schwäbische Korn" genannt wird. Diese Weizenart war früher die meistangebaute Winterfrucht und wichtigste Brotfrucht im ganzen alemannisch-schwäbischen Raum. Ihr Mehl läßt sich besonders gut zur Herstellung von „Spätzle" verwenden.

Im Allgäu werden mit zunehmender Höhenlage die natürlichen Erzeugungsbedingungen immer schlechter. Der Getreideanbau beschränkt sich auf Sommergetreide. Leitkultur wird die Futterpflanze, die die Viehzucht begünstigt. Die Viehzucht gibt die Grundlage für die Käseherstellung, die dem Allgäu neben seinen Naturschönheiten den größten Ruhm eingebracht hat.

Wirtschaft

Seit etwa 1200 betrieben die Bodenseestädte und etwas später auch die oberschwäbischen Städte einen Leinenhandel, der bis nach Nordafrika und Vorderasien reichte. Die Grundlage für die große Leinenproduktion war der Flachsanbau. Unter den modernen Industrien Oberschwabens spielt heute die Textilindustrie wieder eine bedeutende Rolle.

Auf den Waldreichtum des Landes ist eine holzverarbeitende Industrie aufgebaut. In Ehingen wird aus Buchenholz Kunstfaser- und Papierzellstoff hergestellt. Das Maggi-Werk in Singen stützt sich auf die Gemüseproduktion.

In Singen werden Aluminium-Halbfabrikate hergestellt. Aus Ravensburg und Lindau gehen seit hundert Jahren Wasserturbinen in alle Welt. Aus Gottmadingen (bei Konstanz) kommen Landmaschinen. In Friedrichshafen, dem einstigen Sitz der Zeppelin-Luftschiffahrt, haben sich Zahnrad-, Motoren- und Flugzeugwerke angesiedelt.

Die Industrie hat sich am stärksten in den Räumen Ravensburg-Friedrichshafen und Konstanz-Singen konzentrieren können. In diesen Gebieten sind bis zu 20 % der Bevölkerung in der Industrie beschäftigt. Obwohl die Industrialisierung weiterhin auf dem Vormarsch ist und sich nach und nach auch ländliche Gebiete erobert, hat sie dem schönen Landschaftsbild bisher überwiegend nicht geschadet.

Neben Landwirtschaft und Industrie ist der Fremdenverkehr eine höchst bedeutsame Erwerbsquelle des Bodenseegebietes und mit einigem Abstand auch Oberschwabens. Beinahe alle Orte am Seeufer sind Fremdenverkehrsorte. Die meisten Hausbesitzer befassen sich mit Zimmervermietung, da Hotels und Pensionen allein den Strom der Urlauber oft nicht fassen können. Außerhalb der Bodenseezone sind besonders die Bäder Brandenburg, Buchau, Waldsee und Wurzach, ferner Beuron, Großholzleute und Isny gut besucht.

Die Verkehrsbetriebe, seien es die Omnibusunternehmen oder die Bodenseeschiffahrt, sind ausgezeichnet organisiert.

Volkscharakter

Südwestdeutschland ist eine sehr vielgestaltige Landschaft, ihr Volkstum daher keineswegs einheitlich. Gewiß leben in Oberschwaben und am Bodensee Schwaben, aber selbst diese verhältnismäßig kleine Landschaft ist noch nicht einheitlich genug, als daß ihre Bewohner ganz und gar den gleichen Volkscharakter haben könnten. Der allgäuische und der oberschwäbische Bauer unterscheiden sich voneinander und beide unterscheiden sich von den Seeschwaben, den Bewohnern des Bodenseeufers.

Allen gemeinsam ist jedoch der Hang zu einem gewissen Schildbürgertum, auf das mancherlei Necknamen hinweisen. Die Dettinger (bei Konstanz) werden „Sonne'tiichler" genannt, weil sie mit einer Holzröhre (Teuchler) die Sonne einfangen wollten. Die Friedrichshafener (besser: die Buchhorner, denn Friedrichshafen hieß früher Buchhorn) sind die „Kirche'schieber", weil sie versuchten, eine nicht am richtigern Platz erbaute Kirche zu verschieben. Man sagt, diese Dinge seien geschehen, nicht weil der Schwabe nichts denkt, sondern weil er krumm denkt und immer alles zu gut machen will.

Fischart, selbst ein Alemanne, spricht von den „schwäbischen, froschgoschigen, breiten Schwatzmäulern". Redselig sind die Schwaben – wenigstens untereinander – auch heute noch.

Ob es an der lieblichen Welt des Bodensees und am Wein liegt, ob die lange Zugehörigkeit großer Gebietsteile zu Österreich auf den Volkscharakter eingewirkt hat, Tatsache ist, daß südlich der Donau eine heitere Stimmung vorwiegt, die ganz besonders in dem einzigartigen Narrentreiben ihren Ausdruck findet. Zu dieser heiteren Grundhaltung hat wohl vielfach beigetragen, daß die Bevölkerung infolge ihrer Zugehörigkeit zu Österreich katholisch blieb und daher dem Einfluß des in Alt-Württemberg herrschenden Pietismus nicht ausgesetzt wurde. In der westlichen Hälfte unseres Gebietes mag auch die 150jährige Zugehörigkeit zu dem weltoffenen, leichteren und feineren Baden nicht ohne Wirkung geblieben sein, wie die Eßgewohnheiten zeigen werden.

Sprache

Innerhalb des großen alemannischen Sprachgebietes, das zum Bereich des Oberdeutschen gehört, unterscheidet man das Schwäbische vom Alemannischen im engeren Sinne. Im größeren Teil unseres Gebietes wird die südostschwäbische Spielart des schwäbischen Dialekts gesprochen. Am Bodensee und im Allgäu spricht man Dialekte, die sich weit mehr dem Schwyzerdütsch als dem Schwäbischen nähern. Zwischen Tuttlingen und Mengen und zwischen Riedlingen und Munderkingen greift das Mitelschwäbische ein wenig auf das rechte Donauufer hinüber.

Das Mittelschwäbische ist die Form des Schwäbischen, die sich in Wort- und Formenschatz am meisten dem Hochdeutschen angepaßt hat. Nur in der Aussprache, die immer verwaschener wird, hat sich der Dialektcharakter erhalten.

Demgegenüber ist das Südostschwäbische und das am Bodensee gesprochene Alemannische noch in jeder Hinsicht echter Dialekt. In der Aussprache mögen das harte Gaumen-R und das dem schwyzerischen kch sich annähernde k am stärksten auffallen. So ungehobelt und grob der Dialekt manchmal klingen mag, es läßt sich nicht leugnen, daß ihm Warmherzigkeit innewohnt, etwas Zutrauliches und Vertrauenerweckendes. Allerdings kann seine Wortgewalt und Ausdruckskraft den Fremden auch zur bedingungslosen Kapitulation vor einem schimpfenden Schwaben veranlassen.

Brauchtum

Das Brauchtum ist am Bodensee und in Oberschwaben alt und reich. Am stärksten erhalten ist es in der schwäbischen

Fasnet. Sie beginnt für den einzelnen Narro vielfach am Dreikönigstag, wenn er sein „Kleidle" (Narrenkostüm) aus der Truhe holt, es über ihr aufhängt und darüber den „Schemme" (Maske) anbringt. In der Öffentlichkeit beginnt die Fasnet am letzten Donnerstag vor Aschermittwoch, dem „Schmutzigen" (= schmalzigen, fetten) Donnerstag. An diesem Tag werden die „Fasnetküchle" in schwimmendem Fett gebacken. In den Bodenseeorten wird an diesem Tage der Narrenbaum als Stammbaum aller Narren aufgerichtet, in Stockach wird das Narrengericht abgehalten, in Radolfzell ziehen die Schnitzweiber (verkleidete Männer) von Schule zu Schule, um „Birnenschnitz" an die Kinder zu verteilen. In Konstanz, wo sich weniger Fasnetbrauchtum erhalten hat, findet ein „Hemdglonkerumzug" statt, an dem die Pennäler, in weiße Nachthemden und Zipfelmützen gekleidet und mit allen möglichen Lärminstrumenten versehen, teilnehmen. Sie ziehen vor die Wohnungen der Lehrer, denen sie in launigen Reden die Leviten lesen.

Jeder Ort hat von jeher seine bestimmten Kostüme und Figuren. Die Überlinger tragen als „Hänsele" ein „Flecklehäs" (Häs = Narrengewand), eine schwarze Maske mit langem Rüssel, die vielleicht auf die Pestschutzmaske zurückgeht, und eine kurzstielige Peitsche, die „Karbatsche". Gelegentlich tanzen sie den alten „Schwertletanz". In Meersburg bestimmt der „Schnabelgyri" mit Vogelkopf und langem, spitzem Storchschnabel das Bild. In Singen tritt der „hoorige" (haarige) Bär, neuerdings noch mehr der Burggeist „Poppele" vom Hohentwiel auf. Das „Bräuteln" gehört in Sigmaringen zur

11

Fasnet, in Munderkingen das Brunnenspringen.

Ganz besonderer Wert wird fast allerorts auf prächtige Gesichtsmasken gelegt. in Riedlingen erscheinen die furchterregenden „Gole" (wohl von Goliath abgeleitet) und in Waldsee u. a. das „Schrättele", eine Hexenmaske.

Am Dienstag vor Aschermittwoch wird die Fasnet als Strohpuppe vergraben, verbrannt oder ertränkt. Der Winter ist tot. Auf Äckern und Wiesen beginnt wieder das Leben.

Waldseer „Schrättele"

Wer sich nicht in der Fastnachtszeit am Bodensee aufhält, hat doch eine Möglichkeit, eine Maskensammlung zu sehen. Westlich von Stockach (s. S. 48) liegt etwas abseits der nach Engen führenden Straße Schloß Langenstein. In der Umgebung weisen Wegweiser (eine Hexe mit Schirm) auf dieses Schloß hin. Im Schloß Langenstein (s. S. 48) befindet sich ein Museum, das als Narren- oder Fastnachtsmuseum bezeichnet wird und das eine ganz ausgezeichnete Maskensammlung besitzt. Das Museum ist werktags von 13-17 Uhr, an Sonn- und Feiertagen vom 1. Mai bis 31. Oktober von 10-17, vom 1. November bis 30. April 13-17 Uhr geöffnet (Telefon 0 77 74/77 88 oder 0 77 74/3 33). Man erreicht Schloß Langenstein von Stockach aus über Orsingen, von Radolfzell über Steißlingen, von Singen über Volkertshausen und von Engen über Eigeltingen.

Von den übrigen Volksfesten seien hier die wichtigsten erwähnt.

Blutritt von Weingarten. Er findet am Freitag nach Christi Himmelfahrt statt und ist eine Reiterprozession zu Ehren des Heiligen Blutes Christi, an der etwa 2700 Reiter und viele Fußgänger teilnehmen. – Auch auf der Reichenau findet am Montag nach dem Dreifaltigkeitssonntag eine Blutprozession (allerdings ohne Reiter) statt.

Schützenfest in Biberach. Dieses historische Fest, das im Juli stattfindet, ruft mit der Schwedengruppe im Festzug die Erinnerung an die Schicksale der Stadt im Dreißigjährigen Kriege wach. Der Festzug wird von Kindern gebildet.

Schwörmontag in Ulm. Auch dieses im Juli stattfindende Volksfest hat einen historischen Kern. Von dem Balkon im ersten Obergeschoß des sogenannten Schwörhauses legte der Ulmer Bürgermeister bis zum Jahre 1802 am Schwörmontag vor der Bürgerschaft den Eid auf die städtische Verfassung ab. An diesem Tage muß heute der Oberbürgermeister von Ulm vor den Festteilnehmern den Schwur vom Jahre 1379 erneuern, „Reichen und Armen ein gemeiner Mann" zu sein, also sein Amt zum Nutzen aller Bürger auszuüben.

Auch Fischertanz und besonders Fischerstechen sind alter Ulmer Brauch. Das Wasserturnier der kostümierten Fischer sollte früher gute Beute im neuen Arbeitsjahr versprechen.

Traditionelle Feste sind auch das Seehasenfest in Friedrichshafen Mitte Juni mit Umzügen und einem mächtigen Feuerwerk, das Fischerstechen in Langenargen am 1. Sonntag im August und das Rutenfest in Ravensburg, das man seit über 500 Jahren feiert. An die Belagerungen durch die Schweden im Dreißigjährigen Krieg in den Jahren 1632 und 1634 erinnert die Schwedenprozession in Überlingen im Mai und Juli. Zu den kirchlichen Festen gehört der Eulogiusritt in Pfullendorf am 2. Sonntag im Juli. Am 3. Sonntag im Juli begeht Radolfzell sein Hausherrenfest (Hausherrenschrein mit den Gebeinen der Stadtpatrone in Münster) und am Sonntag darauf die malerische Wasserprozession auf dem See. Seltener, aber berühmter ist die Prozession aus Anlaß der „Seegfrörne" (1963 fror der Bodensee zu) zwischen Hagnau und dem schweizerischen Münsterlingen.

Zu diesen Festen mit historischer Tradition kommen zahlreiche zum Teil jüngere Feste hinzu, die vielfach an Jahreszeiten gebunden sind wie die Seenachtsfeste und die Winzerfeste. Fast nur noch in diesen Festen leben Brauchtum und Trachten fort.

Geschichtlicher Überblick

Um 5000–3000 vor Chr. Jäger leben in verschiedenen Perioden der Älteren und Mittleren Steinzeit an günstigen Plätzen im Bodenseegebiet. Am Petersfelsen bei Engen und an der Schussenquelle haben sie Spuren hinterlassen. Die am westlichen Bodensee und am Federsee gefundenen Geräte stammen aus den letzten Jahrtausenden dieses Zeitraums.

Um 3000–1800 v. Chr. In der Jüngeren Steinzeit entwickeln sich die Menschen zu Ackerbauern. Im Hegau und am westlichen Bodensee treffen die Kulturen der Bandkeramiker aus dem Osten und der Erbauer der sogenannten Pfahlbauten zusammen. Zu den neu entstehenden Kulturen gehört die Schussenrieder Kultur.

Um 1800 v. Chr. Mit einer großen Wanderungsbewegung beginnt die Bronzezeit. In den Hegau und an den Bodensee kommen die „Schnurkeramiker" und die „Glockenbecherleute". Das Schussental wird ein wichtiger Handelsweg zwischen Bodensee und Donautal. Mit der Urnenfelderkultur klingt die Bronzezeit um 1200 v. Chr. aus.

Um 800 v. Chr. Die neuen Errungenschaften der Hallstattzeit (Ältere Eisenzeit) herrschen vor. Die Träger dieser Kultur sind anscheinend indogermanische Stämme, zu denen auch die Kelten gehören. Die Heuneburg und Gräber bei Hundersingen an der Donau stammen aus dieser Zeit.

Um 500 v. Chr. In die Jüngere Eisenzeit (La-Tène-Kultur) fallen die großen Wanderungen der Kelten. Die ersten schriftlichen Nachrichten antiker Schriftsteller über den Bodenseeraum stammen aus dieser Zeit. Als keltischer Stamm treten die Helvetier in Erscheinung, deren Siedlungsgebiet seit etwa 80 v. Chr. von Germanen eingeengt wird. Seit etwa 60 v. Chr. dringen die Sueben ins Bodenseegebiet vor und zwingen die Helvetier zum Rückzug.

58 v. Chr. Cäsar besiegt in Burgund die Helvetier und in Gallien die von Ariovist befehligten Sueben. Der Bodenseeraum bleibt vorerst keltisch.

15 v. Chr. Tiberius unterwirft die nördlich des Bodensees wohnenden keltischen Vindeliker und die östlich des Bodensees seßhaften (wohl illyrischen) Räter. – Die Grenze der bald nach der Eroberung gebildeten römischen Provinz Rätien verläuft von Eschenz (gegenüber Stein am Rhein) über den Randen zur Donau und diese entlang bis Passau.

213 n. Chr. Die Vorstöße der Alemannen, eines semnonisch-suebischen Volksverbandes, gegen das römische Gebiet im Norden des Bodensees beginnen. Seit etwa 250 kommt Oberschwaben allmählich in alemannischen Besitz. Die Römer versuchen eine weitere Ausdehnung der Alemannen durch Errichtung von Kastellen im Bodenseeraum (darunter vermutlich auch Konstanz) zu verhindern.

496 Die Alemannen verlieren ihre Gebiete zwischen Main und Neckar an die Franken und besiedeln nunmehr stärker den Bodenseeraum. Sie sind den Franken tributpflichtig.

506 Die Alemannen begeben sich in die Schutzherrschaft des Ostgotenkönigs Theoderich. 536 treten die Ostgoten die Schutzherrschaft an das Herrschergeschlecht der Franken ab. Seitdem gibt es alemannische Herzöge, die nominell dem Frankenkönig unterstehen.

Um 590 Nach Beginn der Christianisierung nördlich der Alpen um die Mitte des 6. Jahrhunderts wird das Bistum Konstanz gegründet.

Um 610 Irische Mönche kommen in den Bodenseeraum. Abt Kolumban gründet ein Kloster in Bregenz, das keinen Bestand hat. Zu seinen Mitarbeitern gehört der heilige Gallus, der Gründer des Klosters St. Gallen.

7. Jahrhundert Zu dieser Zeit beginnt die Besiedlung der Waldgebiete Oberschwabens. Es entstehen der Argengau, der Nibelgau um Leutkirch, der Heistergau um Waldsee, der Rammagau südwestlich von Ulm.

724 Die Abtei Reichenau wird von Bischof Pirmin gegründet und von Karl Martell reich mit Gütern ausgestattet, zur Pfalz Bodman gehörten.

746 Nach mehreren Aufständen wird das Herzogtum Alemannien von dem fränkischen Hausmeier Karlmann zerschlagen, in fränkische Grafschaften aufgeteilt und fränkischen Grafen unterstellt.

839 Die Welfen werden Grafen im Argengau.

917 Nach dem Zerfall des karolingischen Reiches gibt es wieder schwäbische (die Bezeichnung „alemannisch" schwindet mehr und mehr) Herzöge, die oft nahe Verwandte des jeweiligen Königshauses sind.

Um 920 Der Welfe Graf Heinrich enthält Güter im Raum von Ravensburg und Altdorf (dem späteren Weingarten) als Reichslehen. Die Welfen und die Nellenburger, Heiligenberger und Bregenzer Grafen werden mehr und mehr die Landesherren zwischen Donau und Bodensee.

1055 Das ältere Welfengeschlecht erlischt mit Welf III. Erben werden die Welfen aus dem Hause der Markgrafen von Este. 1070 wird Welf IV. Herzog von Bayern.

1079 Friedrich von Staufen wird Herzog von Schwaben. Im Investiturstreit zwischen König Heinrich IV. und Papst Gregor VII., der etwa gleichzeitig seinen Höhepunkt erreicht, steht der oberschwäbische und Bodenseeadel vorwiegend auf päpstlicher Seite.

1268 Nach dem Untergang der Staufer erlischt auch das Herzogtum Schwaben. Die Macht der geistlichen und weltlichen Herren wächst. Die Habsburger übernehmen das staufische Erbe im Bodenseeraum.

1312 Konstanz, Zürich, St. Gallen und Schaffhausen gründen den ersten schwäbischen Städtebund. Ihm folgt 1331 der Große Schwäbische Städtebund zur Sicherung des Landfriedens.

1326 In Zürich erheben sich die Zünfte gegen die Patrizier. Die Bewegung greift im Laufe des Jahrhunderts auf viele Städte des Bodenseeraums über.

1350 Der Konflikt zwischen Zürich und Österreich nimmt seinen Anfang. Einer seiner Höhepunkte findet er im Schwabenkrieg (1489 bis 1499), der die Loslösung der eidgenössischen Gebiete vom Deutschen Reich zur Folge hat. Der Bodensee wird Grenze.

1414–18 Das Konstanzer Konzil findet statt. 1415 wird Johannes Hus verbrannt.

1488 Zur Erhaltung des Landfriedens wird der Schwäbische Bund gegründet, dem die meisten Reichsstädte Oberschwabens, die Reichsritterschaft und zahlreiche Klöster beitreten.

1512 Auf dem Reichstag in Köln wird das Reich in Kreise eingeteilt. Das Gebiet zwischen Donau und Bodensee kommt, soweit es nicht zu Vorderösterreich gehört, zum Schwäbischen Kreis, zu dessen Konstanzischem Viertel.

1525 Im Bauernkrieg unterliegen die um wirtschaftliche und soziale Freiheit kämpfenden Bauern dem unter Führung von Jörg Truchseß von Waldburg („Bauernjörg") stehenden Schwäbischen Bund.

16. Jahrhundert Die Reformation kann zwischen Donau und Bodensee kaum Fuß fassen. Vorderösterreich, die kirchlichen und weltlichen Herrschaften und die meisten Städte bleiben katholisch.

17. Jahrhundert In Oberschwaben, besonders in und um Saulgau, finden viele Hexenprozesse statt.

18. Jahrhundert Zahlreiche Bauern aus Oberschwaben wandern ins Banat aus.

1803–05 Durch den Reichsdeputationshauptschluß (Regensburg) kommen viele säkularisierte Kirchengüter zwischen Donau und Bodensee, ferner die vorderösterreichischen Lande und zahlreiche Herrschaften und Städte in den Besitz der mit Napoleon verbündeten Staaten Baden und Württemberg.

1821 Aus den deutschen Gebieten des Bistums Konstanz wird das Erzbistum Freiburg gebildet.

1849 Die Fürstentümer Hohenzollern-Sigmaringen und Hohenzollern-Hechingen kommen an Preußen.

1871 Das Großherzogtum Baden und das Königreich Württemberg werden Bundesstaaten des Deutschen Reiches. 1918 werden beide Länder Republiken.

1945 Nach dem Ende des Zweiten Weltkrieges wird das Gebiet von Amerikanern und Franzosen kontolliert. In der französischen Besatzungszone entstehen die Länder Südbaden und Südwürttemberg-Hohenzollern.

1952 Durch den Zusammenschluß je zweier badischer und württembergischer Länder entsteht das Land Baden-Württemberg.

1988 Internationale Bodenseekonferenz.

Kunst und Kultur

An Kunstschätzen aus vorgeschichtlicher, keltischer, römischer und frühalemannischer Zeit ist das Land zwischen Donau und Bodensee ziemlich arm. Am Petersfelsen bei Engen (Hegau) sind aus der Älteren Steinzeit stammende Kommandostäbe mit sehr schönen Rentierdarstellungen und einige Knochenflöten gefunden worden. Aus den späteren vor- und frühgeschichtlichen Epochen sind in unserem Gebiet nur wenig ansehnliche Gefäßscherben und Geräte ans Tageslicht gekommen. Am eindrucksvollsten sind die Reste der Pfahlbauten, die am westlichen Bodensee und am Federsee freigelegt worden sind. Die wertvollsten Funde aus keltischer Zeit (Schmuck und Waffen) stammen aus den Fürstengräbern bei Hundersingen (links der Donau zwischen Sigmaringen und Riedlingen).

Namhafte Denkmäler aus römischer Zeit finden sich in unserem Gebiet nicht. Die Herrschaft der Römer hat hier doch nur verhältnismäßig kurze Zeit gedauert, und die Durchdringung des stark bewaldeten Gebietes war überdies nur gering. Von den wenigen vorhandenen Bauten fielen die meisten der Zerstörung durch die Alemannen zum Opfer. Die Bauten der Alemannen selbst waren aus Holz errichtet und haben daher die Jahrhunderte nicht überdauert. Aus der frühalemannischen Zeit sind nur schlangengekrönte Holzsärge sowie Waffen und auch Schmuck erhalten geblieben.

Baukunst

Die erste Periode der Baukunst, aus der Denkmäler erhalten sind, beginnt mit der Christianisierung des Landes und dem damit verbundenen Bau von Kirchen und Klöstern. Wir fassen in dieser Periode die karolingische, die ottonische und die romanische Kunst zusammen (8.–13. Jh.) und sprechen vom Zeitalter der Klöster, da sie die hervorragenden Bauträger waren. Die Klöster St. Gallen, Reichenau und Hirsau waren nacheinander für den Kirchenbau richtungweisend. Den spätkarolingischen Charakter hat am reinsten die Georgskirche von Reichenau-Oberzell (um 890) bewahrt.

Das Zeitalter der Gotik ist vorzugsweise das Zeitalter der Städte, die nunmehr in erster Linie als Bauträger auftreten. Der anfänglichen Zurückhaltung Schwabens gegenüber dem neuen Stil der westlichen Kathedralgotik folgte eine Zeit intensiver Umgestaltung dieses Stils, die zur Ein- und Dreiturmkirche und zur Hallenkirche als Kennzeichen schwäbischer Gotik führte. Zum erstenmal sind nun auch die Baumeister namentlich bekannt, die Schwaben Parler, Ensinger und viele andere. Das bedeutendste Bauwerk dieser Zeit ist das Ulmer Münster.

Die Renaissance ist nach dem weitgehenden Zusammenbruch der Stadtherrlichkeit im Laufe des 16. Jahrhunderts das Zeitalter der Fürsten. Sie feiert in unserem Gebiet im Rittersaal des Schlosses Heiligenberg von Jörg Schwarzenberger ihren größten Triumph.

Barock und Rokoko (von etwa 1660 bis etwa 1770) wurden die großartigsten und fruchtbarsten Kunstepochen unseres Gebietes. Klöster, Fürsten und Städte waren – wenn auch in unterschiedlichem Ausmaß – Auftraggeber der Künstler. Das „Himmelreich des schwäbischen Barocks" schufen in erster Linie Baumeister aus Vorarlberg; unter ihnen waren die Beer und die Thumb die namhaftesten. Zu ihnen gesellte sich der Wessobrunner Meister Dominikus Zimmermann, der die herrliche Wallfahrtskirche in Steinhausen schuf. Man nennt sie die „schönste Dorfkirche der Welt".

Am Ende dieser Epoche stehen einige Bauten, die schon klassizistische Züge tragen. Zu den reifsten Schöpfungen dieser Art gehört die Klosterkirche von Ulm-Wiblingen.

Das 19. Jahrhundert kann auf dem Gebiet der Baukunst mit hervorhebenswerten Bauten nicht aufwarten. Erst nach dem Zweiten Weltkrieg entstanden wieder Bauten, die einen besonderen Hinweis verdienen, und zwar zunächst vorwiegend Kirchenbauten, zum Beispiel die von Max Schätzle erbaute Pfarrkirche St. Fidelis in Sigmaringen, die von Wilfried Beck-Erlang erbaute katholische Kirche zum Guten Hirten in Friedrichshafen und die von Thomas Wechs erbaute Pfarrkirche Königin des Friedens in Lindau-Zech.

Als bedeutendster Profanbau dieser Zeit darf die Universität Konstanz gelten, ein Gebäudekomplex, der Jugendstil (man spricht auch von Pop-Stil) und Elemente eines Stils, den man als technologisch bezeichnen könnte, in sich vereinigt und daher gleichermaßen auf Zustimmung wie Ablehnung stößt.

Malerei

Die ältesten erhaltenen Werke sind die ottonischen Wandmalereien in der Georgskirche zu Reichenau-Oberzell. Dieser großartige Bildzyklus ist um das Jahr 1000 entstanden. Etwa der gleichen Zeit gehören die wundervollen Buchmalereien aus dem Kloster Reichenau an, die zu den künstlerisch wertvollsten der Epoche zählen.

Die Malerei der Gotik hat in unserem Gebiet keine derartig überragenden Werke aufzuweisen. Lediglich die im Auftrage des Königs Sigismund ausgeführten Wandfresken (1417) zur Geschichte des Augustinerordens in der Dreifaltigkeitskirche zu Konstanz sind bedeutend.

Am Gesamtkunstwerk der barocken Kirchen, Klöster und Schlösser hat die Freskomalerei entscheidenden Anteil. Zu den die Kunstlandschaft des Bodenseegebiets prägenden Meistern gehören neben Künstlern aus den baden-württembergischen Schwaben viele Maler aus Bayern. Die stärksten Akzente setzen C. D. Asam (Weingarten), B. G. Götz (Birnau), F. J. Spiegler (Zwiefalten) und F. M. Kuen (Wiblingen).

1894 beginnt die Blütezeit der Beuroner Kunst, einer im Kloster Beuron (s. S. 38) entstandenen und gepflegten Kunstrichtung, die in der Malerei ihre größten Erfolge erzielte.

Skulptur

Eine reichere Auswahl als die Malerei bietet in einigen Epochen die Bildhauerei und Bildschnitzerei. Im Münster von Reichenau-Mittelzell befindet sich eine leider nachträglich gotisierte Elfenbeinpyxis (zum Aufbewahren des Allerheiligsten), die wahrscheinlich aus dem 6. Jahrhundert stammt und deren Reliefs Szenen aus dem Leben Jesu darstellen.

In der Gotik erfährt die Bildhauerkunst neue Impulse durch die Mystik, und zwar besonders durch die Visionen frommer Dominikanerinnen, die in schwäbischen Klöstern lebten. Auf diese Visionen gehen die für unser Gebiet typischen Christus-Johannes-Gruppen und die Vesperbilder (der tote Christus auf dem Schoß seiner Mutter) zurück. Einer der großen einheimischen Künstler dieser Zeit war der Ulmer Jörg Syrlin der Ältere (1425–91), dessen Hauptwerk das Chorgestühl im Ulmer Münster ist.

Die Barockzeit wird eingeleitet durch die Arbeiten des aus Waldsee stammenden Bildschnitzers Jörg Zürn (um 1581 bis nach 1635). Sein schönstes Werk ist der stilistisch zwischen Renaissance und Barock stehende Aufbau des Hochaltars in der Überlinger Stadtpfarrkirche. Der bedeutendste Stukkateur und Bildhauer dieser Kunstepoche war Josef Anton Feichtmayr (1696–1770), der einer Wessobrunner Künstlerfamilie entstammte und an der Ausgestaltung der Wallfahrtskirche in Birnau wesentlichen Anteil hatte. Er starb in der Nähe des Klosters Salem, an dessen Kirchenausstattung er mitgewirkt hat.

Literatur/Schwäbische Dichterstraße

1978 wurde die Schwäbische Dichterstraße aus der Taufe gehoben, eine quer durch Baden-Württemberg verlaufende Straße, die Orte von literarischer Bedeutung miteinander verbindet. Sie beginnt in Bad Mergentheim und führt, mit Abstechern reich, über Lauffen am Neckar, Stuttgart und Tübingen nach Blaubeuren, von wo sie über Oberdischingen Oberschwaben erreicht und zu einem Gegenstück zur Oberschwäbischen Barockstraße (s. S. 18) wird.

Stationen der Schwäbischen Dichterstraße sind Achstetten-Oberholzheim (s. S. 41), das nahe der B 30 liegt, Biberach (s. S. 41) und in seiner engeren oder weiteren Umgebung Warthausen (s. S. 41), Ochsenhausen (s. S. 41) und Oberstadion (s. S. 42), sodann Bad Schussenried (s. S. 57), von wo die Schwäbische Dichterstraße ins Bodenseegebiet führt. Dort sind Orte von literarischer Bedeutung: Überlingen (s. S. 25), Radolfzell (s. S. 62), Singen (s. S. 49), Gaienhofen (s. S. 62), die Insel Reichenau (s. S. 33), Konstanz (s. S. 23) und Meersburg (s. S. 27). In den Beschreibungen dieser Orte wird über die Art der literarischen Bedeutung Näheres gesagt. Dabei handelt es sich durchweg um die Nennung von Dichtern und Schriftstellern, die hier ihre Spuren hinterließen.

Hier sei lediglich noch auf den im 11. Jahrhundert an unbekanntem Ort entstandenen „Lügenschwab" hingewiesen, das älteste Lügenmärchen Deutschlands. Die im 15. bis 17. Jahrhundert in den schwäbischen Schwankbüchern gesammelten Schwänke werden wohl teilweise bis in die Zeit des „Lügenschwab" zurückreichen.

Speisen und Getränke

Es gibt manchen Necknamen und manchen Spruch, der sich mit Essen und Trinken des Volks zwischen Donau und Bodensee befaßt. „D' Supp ist's Best vom Esse", sagt man und spricht deshalb vom *Suppenschwaben*. Der Allgäuer sagt: „Solang es Krut und Knöpfle (die südliche Abart der Spätzle) git, solange verderbet d' Schwaube it (nicht)." Deshalb spricht man vom *Spätzleschwaben*. Nimmt man dazu noch den Salat, besonders den Kartoffelsalat, den „Birnenschnitz", den aus Äpfeln oder Birnen hergestellten Most, die aus Weißmehl und Wasser gebackenen *Wecken* oder die besseren *Krapfen*, die mit gekochtem Obst oder „Gesälz" (Marmelade) gefüllt sind, dann hat man die häusliche Speisekarte beieinander.

Es ist also eine einfache Kost, die im Hause vorherrscht, aber sie gilt als ein königliches Essen, wie ein am Bodensee oft zu hörender Spruch beweist: „Muatter, gond hoa' ge koche', tond Knöpfle' mache' und machet gsottene Langbiire'schnitz' (Dörrbirnen), des is e' Freasse!" Ja, das ist ein Essen!

Aber es ist keineswegs so, als seien die Menschen am Bodensee und in Oberschwaben Vegetarier. Ihre Hauptmahlzeit, „das Vesper", zu dem vor allen Dingen ein ordentliches Stück Wurst gehört, beweist das genaue Gegenteil.

Diese zweifellos kräftige, aber doch ziemlich einfache Küche hat besonders in den badischen Landesteilen, also um den westlichen Bodensee herum, vielerlei Verfeinerungen erfahren. Das liegt einmal daran, daß Baden sich immer französischem Einfluß gern geöffnet hat und daß darum die französische Küche Eingang sogar im Bürgerhaus finden konnte. Außerdem ist der westliche Bodensee das eigentliche Wein- und Fischland, und Wein und Fisch sind nun einmal feiner als Most und Wurst.

Auf keiner Bodensee-Speisekarte darf der *Bodenseefelchen* fehlen, aber eben deshalb bemüht sich jeder Küchenmeister nach Kräften, diesem Fischgericht eine besondere, einmalige, neue Note zu geben. „Blau" und „Müllerinart" sind die beiden Grundrezepte, nach denen Felchen zubereitet werden. Zu diesen beiden Rezepten gibt es aber eine Unzahl von Varianten.

Seltener steht der *Hecht* auf der Speisekarte, dessen zartes weißes Fleisch, besonders gegrillt, recht schmackhaft ist. Auch die dem Felchen verwandte *Bodenseeforelle,* die meist *Lachsforelle* genannt wird, ist nicht häufig. Ihr gilt daher die besondere liebevolle Aufmerksamkeit der Küchenmeister und sollte deshalb auch die uneingeschränkte Hochachtung des Gastes gehören. Die Forelle ist wirklich das Edelste und Beste, was der Bodensee zu bieten hat. Man beachte: Zum Bodenseefisch gehört unbedingt auch der Bodenseewein.

Die *Weine* des Bodenseegebietes hatten einmal einen wenig guten Ruf, weil sie – gelinde gesagt – recht herb waren. Inzwischen haben es die Winzer verstanden, durch sorgfältige Auswahl und Pflege Weine zu erzeugen, die durchaus ein Lob verdienen.

Drei Sorten sind es, die hauptsächlich angebaut werden: der *Müller-Thurgau,* der *Spätburgunder* und der *Ruländer.*

Der Müller-Thurgau, der seinen Namen dem Weinbauforscher Hermann Müller-Thurgau aus Tägerwilen verdankt, ist ein leichter, angenehm milder Riesling-Silvaner, dessen Anbau sich immer weiter ausbreitet.

Der Spätburgunder stammt zwar von der blauen Traube, wird aber am deutschen Bodenseeufer meist als goldfarbener *Weißherbst* getrunken. Man läßt dem Saft keine Zeit, den Farbstoff der Trauben in sich aufzunehmen und sich zu röten. Die besten Lagen dieses Weines befinden sich in Meersburg und dem benachbarten Hagnau.

Der Ruländer schließlich ist eine Abart des grauen Spätburgunders, wurde wohl um 1700 aus der Champagne nach Deutschland (zunächst nach Speyer) gebracht und ist heute mit seinem vollen Geschmack und seiner köstlichen Blume einer der großen Weine des Bodenseegebietes.

Auch *Trauben-* und *Obstsäfte* sowie die vielerorts gebrannten *Obstgeiste* sind sehr zu empfehlen.

Unter den abseits des Bodensees anzutreffenden Spezialitäten sind vor allem die *Spargelgerichte* von Tettnang zu erwähnen. Zur Spargelzeit bieten die Gaststätten eine wahrhaft verwirrende Fülle von Zubereitungsarten dieses Edelgemüses.

Ferien am Bodensee

Das in diesem Reiseführer dargestellte Gebiet weist eine natürliche Dreiteilung in recht unterschiedliche Reiselandschaften auf: das Bodenseegebiet, Oberschwaben und das Donautal.

1. Die *Bodenseelandschaft* umfaßt einen selten mehr als 10 km breiten Uferstreifen rund um den See und den von der Schwäbischen Alb im Westen begrenzten Hegau, also im wesentlichen das unmittelbar unter dem Einfluß des Bodenseeklimas stehende Gebiet. Diese Landschaft bietet in reichem Maße alles das, was der Urlauber erwartet: Naturschönheit, reizvolle kleine Städte und Dörfer, den See mit seinen zahlreichen Badeplätzen und vielen Wassersportmöglichkeiten sowie wegen ihrer Vielzahl kaum ausschöpfbare Gelegenheit zu Ausflügen.

Verkehrsmäßig ist das Gebiet sehr gut erschlossen; die touristischen Organisationen sind in jeder Hinsicht auf der Höhe und tun alles, die vielen Urlauber zufriedenzustellen.

Da sozusagen jeder Ort am Ufer oder in der Nähe des Ufers ein Fremdenverkehrsort geworden ist, ist das Zimmerangebot recht groß, aber in der Hochsaison dennoch nicht immer ausreichend. Auch die verhältnismäßig zahlreichen Zeltplätze können im Hochsommer die vielen Freunde des Campings kaum fassen. Die Jugendherbergen am Bodensee und im Hegau haben insgesamt etwa 1200 Betten.

2. *Oberschwaben* umfaßt das Gebiet zwischen Iller im Osten, der bayerischen Grenze im Südosten und Süden und der Donau im Norden. Die Westgrenze bildet eine Linie, die etwa von Tettnang nach Mengen verläuft.

Die Landschaft Oberschwabens ist herb. Sie kennt nicht den Glanz und die Heiterkeit des Bodensees. Zum großen Teil ist sie Bauernland. Man nennt sie gern „Kornkammer, Viehstall und Butterfaß Württembergs".

Das Besondere und Einmalige dieses landschaftlich so schlichten Landes aber sind seine architektonischen Schönheiten, die es zum „Himmelreich des Barocks" haben werden lassen. Die mit puttengeschmückten Wegweisern gekennzeichnete und im Juni 1966 eröffnete „Oberschwäbische Barockstraße" führt den Urlauber ab Ulm von einem Glanzpunkt des Landes zum andern, durch einige Abste-

cher auch über die Grenzen Oberschwabens hinaus. Die Hauptroute der Oberschwäbischen Barockstaße führt von Ulm über Ehingen, Obermarchtal, Zwiefalten, Riedlingen, Bad Buchau, Saulgau, Steinhausen, Bad Schussenried, Aulendorf, Bad Waldsee, Weingarten, Ravensburg, Friedrichshafen, Langenargen, Tettnang, Wangen, Isny, Kißlegg, Wolfegg, Bad Wurzach, Rot an der Rot, Ochsenhausen, Biberach, Gutenzell nach Laupheim und zurück nach Ulm.

Obwohl Oberschwaben wegen seiner vielen Moore etliche anerkannte Moorheilbäder besitzt und ein Gesundbrunnen für viele ist, gehört es noch nicht zu den überlaufenen Feriengebieten und ist hier und da sogar vom Fremdenverkehr noch wenig berührt. Die Jugendherbergen des Gebiets verfügen über 700 Betten (einschließlich Ulm).

3. Die Reiselandschaft *Junge Donau* ist klein. Sie umfaßt nur den Donaudurchbruch durch die Schwäbische Alb, also das Donautal zwischen Möhringen und Sigmaringen. Aber dieses enge Tal ist voller Romantik. Steil ragen die oft kahlen und weißleuchtenden Felsen auf, und viele Gipfel sind von Burgen oder Ruinen gekrönt. Seitentäler, oft kaum breiter als eine Schlucht, laden zu Wanderungen auf die Hochflächen der Alb ein. Für den Paddler ist eine Donaufahrt ein herrliches Erlebnis.

Straße und Bahn führen durch das Durchbruchstal der Donau, so daß die Städtchen und Dörfer, die in der Enge Platz gefunden haben, gut zu erreichen sind. Unterkünfte sind in ausreichendem Maße vorhanden. Campingplätze gibt es in Sigmaringen, Hausen im Tal (Ortsteil von Beuron) und Fridingen an der Donau, Jugendherbergen in Sigmaringen und auf der Burg Wildenstein.

Touristische Einrichtungen

Schwimmbäder: Zu den zahlreichen touristischen Einrichtungen gehören die Bäder. Neben den Städten haben fast alle Orte von einiger touristischer Bedeutung ein Frei- oder Hallenschwimmbad. Die am Bodenseeufer gelegenen Orte haben vielfach ein Strandbad.

Reitgelegenheit (seltener auch Reitunterricht) gibt es in folgenden Orten: Argenbühl, Aulendorf, Bad Waldsee, Bad Wurzach, Biberach an der Riß, Deggenhausertal, Emmingen-Liptingen, Engen, Friedrichshafen, Friedrichshafen-Ailingen, Gaienhofen-Hemmenhofen, Gailingen, Heßkirch, Hitzingen-Binningen, Illmensee, Kißlegg, Konstanz, Lindau, Markdorf, Meckenbeuren, Mengen, Oberteuringen-Bitzenhofen, Ochsenhausen, Owingen, Pfullendorf, Radolfzell, Ravensburg, Riedlingen, Saulgau, Schienen, Sigmaringen, Singen, Singen-Bohlingen, Steißlingen, Stockach, Tettnang, Überlingen, Waldburg, Wangen im Allgäu, Wasserburg am Bodensee, Weingarten, Wolfegg.

Jachthafen von Friedrichshafen

Segeln:Der Bodensee ist ein ideales Gebiet für den Segelsportler. Wer den Segelsport erlernen will, kann sich an eine der Segelschulen der Bodenseeorte wenden. Nachstehend werden die Orte genannt, die Segelsportmöglichkeiten bieten. Ein eingeklammertes (S) weist darauf hin, daß es der betreffenden Ort eine Segelschule hat: Allensbach, Bodman-Ludwigshafen (Ortsteil Bodman) (S), Friedrichshafen (S), Gaienhofen-Hemmenhofen (S), Hagnau (S), Immenstaad (S; auch Windsurfingschule), Kirchberg, Konstanz (S), Kressbronn (S), Langenargen (S), Lindau (S; auch Wasserski- und Windsurfingschule), Meersburg (S), Moos-Iznang, Nonnenhorn (S), Öhningen, Radolfzell (S), Insel Reichenau (S), Sipplingen (S), Überlingen (S; auch Wasserski- und Windsurfingschule), Uhldingen-Mühlhofen, Wasserburg (S). Die Segelschulen befassen sich mehr und mehr auch mit der Unterweisung im Windsurfing. Näheres ist über die Verkehrsvereine der vorgenannten Orte zu erfahren.

Am deutschen Bodenseeufer liegen über 20 Jachthäfen für den Segelsport, weitere am österreichischen und Schweizer Ufer.

Wandern: Zu fast allen Ferienorten gehört ein mehr oder weniger großes Netz von Wanderwegen (im Winter vielfach gebahnt). Es gibt einen Bodenseerundwanderweg, der mit Nebenrouten rund 300 km lang ist und in etwa der Route 8 (s. S. 59) entspricht; der Weg kann je nach Kondition in 8 bis 10 Tagen bewältigt werden. Nähere Auskünfte erteilt der Fremdenverkehrsverband Bodensee-Oberschwaben, Schützenstr. 8, 7750 Konstanz (Telefon 0 75 31/2 22 32).

Radwanderer finden Betreuung bei Benutzung des markierten Radwanderwegs Donau-Bodensee (Ulm-Kressbronn). Beim Entleihen von Fahrrädern, bei der Gepäckbeförderung und bei der Quartiervermittlung an Etappenorten sowie mit Informationen sind behilflich: das Verkehrsbüro Ulm, am Münsterplatz, das Gästeamt im Rathaus, Wangen im Allgäu, sowie die Informationsstellen in Ochsenhausen (Hauptstrecke und Nebenstrecke Ost) und Bad Buchau (Nebenstrecke West). Rund um den Bodensee führt der Bodensee-Radwanderweg Konstanz – Überlingen – Friedrichshafen – Lindau – Bregenz – Romanshorn – Konstanz. Auskünfte erteilt der Internationale Bodensee-Verkehrsverein, Schützenstr. 8, 7750 Konstanz (Tel. 0 75 31/2 22 32).

Wintersport: Das beste Wintersportgebiet ist das im äußersten Südosten Baden-Württembergs gelegene Allgäu mit den Orten Wangen im Allgäu, Argenbühl und Isny im Bereich des Schwarzen Grats (1120 m), der höchsten Erhebung im württembergischen Allgäu. Weiter nördlich und außerhalb des Allgäus liegen die Wintersportorte Kißlegg, Wolfegg, Leutkirch, Bad Wurzach-Unterschwarzach und Ochsenhausen. Wintersportmöglichkeiten bieten ferner Heiligenberg (Skilifte mit Flutlicht) und das auf dem Schienerberg (Halbinsel Höri) gelegene Öhningen-Schienen.

Ferien auf dem Bauernhof: In den meisten der in diesem Reiseführer behandelten Orte gibt es Bauernhöfe, die Feriengäste aufnehmen und Zimmer oder auch ganze Ferienwohnungen zur Verfügung stellen. Einen Katalog für Ferien auf dem Bauernhof bekommt man vom Landesfremdenverkehrsverband Baden-Württemberg, Postfach 304, 7000 Stuttgart 1. Gezielt berät der Verein zur Förderung des Urlaubs auf dem Bauernhof e. V., Postfach 54 45, 7800 Freiburg im Breisgau (Tel. 07 61 / 2 71 33 90).

*Ulm

Ulm (480 m; 105 000 Einw.) ist die weitaus größte Stadt des hier behandelten Gebietes, an dessen äußerster Nordostecke sie liegt. Von ihrer bayerischen Nachbarstadt Neu-Ulm ist sie durch die Donau getrennt, die hier die Grenze zwischen Bayern und Baden-Württemberg bildet. Dank der Lage an wichtigen Eisenbahnstrecken und Fernverkehrsstraßen erfreut sich Ulm eines regen Handels und Gewerbes. Eine vielseitige und bedeutende Industrie hat sich hier angesiedelt, deren Gelände in kluger Stadtplanung von den Wohnflächen sorgsam getrennt wurde. Für den Osten Baden-Württembergs ist Ulm mit seinen Schulen, Museen, Bibliotheken und seinem Theater das kulturelle Zentrum. Als Eingangspforte zu einigen sehr beliebten Erholungsgebieten Süddeutschlands (Oberschwaben, Allgäu und Schwäbische Alb) spielt die traditionsreiche Münster- und Donaustadt im bundesdeutschen Tourismus eine wichtige Rolle.

GESCHICHTE

Im Stadtgebiet und in seiner unmittelbaren Umgebung sind Besiedlungsspuren gefunden worden, die über die alemannische und römische Zeit bis in die Jungsteinzeit zurückreichen.

854 wird Ulm als karolingische Pfalz genannt. Unter den Saliern (1024–1125) und Staufern (1138–1268) fielen in Ulm viele für die Geschichte des Herzogtums Schwaben und des Reiches wichtige Entscheidungen. Um 1165 verlieh Kaiser Friedrich I. dem Ort Stadtrechte, die die Grundlage der späteren Reichsunmittelbarkeit abgaben (Reichsstadt bis 1803).

Im 14. und 15. Jahrhundert führten Produktion und Export u. a. von Barchent zu Reichtum. Das Territorium der Stadt wurde durch Ankäufe ausgedehnt und war schließlich das zweitgrößte Reichsstadtterritorium Deutschlands. Das Gebiet der befestigten Stadt wurde etwa

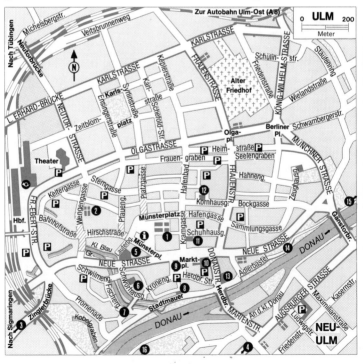

vervierfacht. 1377 wurde der Grundstein zum Münster gelegt.

Das Stadtregiment wurde seit 1347 von Patriziern und Zünften gemeinsam ausgeübt. Im „Großen Schwörbrief" vom Jahre 1397 wurde die Stadtverfassung schriftlich niedergelegt (eine der ältesten schriftlich fixierten Stadtverfassungen). Zur Erinnerung an dieses Ereignis wird heute noch am vorletzten Montag im Juli im „Schwörmontag" als großes Volksfest begangen.

Das 14. und das 15. Jahrhundert waren auch die kulturelle Blütezeit der Stadt. Für den Bau des Münsters wurden namhafte Künstler herangezogen, die die „Ulmer Kunst", eine Spätgotik schwäbischer Art, schufen.

Ihre wichtige Rolle als Festung spielte die Stadt bis zu ihrem Übergang (1810) an Baden-Württemberg (Abbruch der alten Stadttore). Mit neuen Festungsanlagen (1842–1859) wurde Ulm dann aber Bundes- und später Reichsfestung.

1869 wurde der auf dem rechten Donauufer gelegene Teil der Ulmer Gemarkung, seit 1810 bayerisch, zur Stadt Neu-Ulm erhoben und damit von Ulm gelöst.

1944/45 erlitt die Stadt schwere Zerstörungen. Der Wiederaufbau erfolgte stetig, aber behutsam. 1967 wurde die Universität Ulm gegründet. Infolge der Gebiets- und Verwaltungsreform (1971 und später) ist Ulm heute das Verwaltungszentrum des Alb-Donau-Kreises und Neu-Ulm Sitz des Regionalverbandes Donau-Iller.

SEHENSWÜRDIGKEITEN

Man beginnt den Rundgang am

**Münster [1], dem größten Kirchenbau Süddeutschlands mit dem höchsten Kirchturm (161 m) der Erde. Der 1377 begonnene Bau geht wahrscheinlich auf den Plan Heinrich Parlers des Älteren zurück. Ulrich von Ensingen fügte den Plan eines gewaltigen Westturms hinzu, mit dessen Erbauung er auch noch begann. Matthäus Böblinger setzte den Turmbau bis zur Viereck-Plattform fort. Burckhardt Engelberg baute die ursprünglich dreischiffige Basilika zu einer fünfschiffigen aus. 1543 wurden die Bauarbeiten eingestellt, der Turm erhielt ein Notdach. Erst 1845–90 wurden die letzten Arbeiten geleistet. Vor allem wurde der Westturm nach Böblingers Plänen beendet.

Rathaus und Münsterturm

Von der reichen Innenausstattung kann nur das Wichtigste erwähnt werden: das *Sakramentshaus* (1471 vollendet; 26 m hoch); das *Chorgestühl* (1468 bis 1474 unter Leitung von Jörg Syrlin dem Älteren entstanden); die *Kanzel* mit dem 1510 von Jörg Syrlin dem Jüngeren geschaffenen Schalldeckel; die *Glasmalereien* im Chor (14. und 15. Jh.; drei neue Fenster von 1956); die *Bessererkapelle* (frühes 15. Jh. Glasmalereien) der *Schmerzensmann* von Hans Multscher.

Vom Münster geht man durch eine Fußgängerzone in Richtung *Bahnhof* zur *Wengengasse* und

Wengenkirche [2]. Die Reste der spätgotischen, später barokisierten Kirche des ehemaligen Wengenklosters, die 1944 zerstört wurde, sind in einen modernen Neubau einbezogen worden. Das *Altarbild* stammt von dem Weißenhorner F. M. Kuen.

Man geht zurück zur Fußgängerzone und durch die *Glöcklerstraße* zur *Neuen Straße,* der wichtigsten Ost-West-Verkehrsachse der Altstadt. Von ihr zweigt am Westrand der Altstadt die *Zinglerbrücke/Zinglerstraße* ab, von der man über die *Schadstraße* das **Deutsche Brotmuseum* [3], Fürsteneckerstr. 17, erreicht (Geschichte des Mahlens und Backens; montags bis freitags 10–17, sonntags 10–13 und 14–17 Uhr; samstags geschl.; ab 1.10 1990 Salzstadelgasse 10).

Von der Zinglerstraße aus kann man auf dem *Bismarckring* und der *Wiblinger/Ulmer Straße* einen Abstecher zum ehemaligen *Benediktinerkloster Wiblingen* [4] machen (spätbarocke Kirche und **Rokoko-Bibliothekssaal mit hervorragenden

Malereien: Bibliotheksaal dienstag bis sonntags 10–12 und 14–17, im Winter bis 16 Uhr und werktags vormittags geschlossen; Kirche nach Absprache).

Zum Rundgang durch die Altstadt biegt man von der Glöcklerstraße nach rechts in die *Hirschstraße* ein, kommt dort zum *Neuen Bau* [5] (1584–1593; ehemaliges Lagerhaus mit Ratsräumen) und biegt hinter ihm in die an der *Kleinen Blau* verlaufende *Schwörhausgasse* ein. An dieser Gasse steht das *Schwörhaus* [6] (erbaut 1613; Zerstörung 1944, Wiederaufbau 1954; s. Schwörmontag, S. 12).

Von der Schwörhausgasse aus überquert man die *Kleine* und *Große Blau* und befindet sich im malerischen *Fischer- und Gerberviertel* [7], in dem viele alte Häuser und kleine Plätze restauriert worden sind. Aus diesem Viertel hat man direkten Zu-

Fischerviertel an der Blau

gang zur *Stadtmauer,* die heute eine beliebte Promenade über den Donauwiesen bildet, geht auf ihr bis zum *Metzgerturm* [8], dem 1345 erbauten „Schiefen Turm" und ehemaligen Gefängnis, und kommt durch seinen Torbogen zum

Rathaus [9], dem bedeutendsten profanen Baudenkmal Ulms. Das um 1370 als Kaufhaus errichtete Gebäude wurde 1419 Rathaus, brannte 1944 aus und wurde später im Innern neu gestaltet (Wandmalereien von 1540; Wappen der Ulmer Handelspartner; astronomische Uhr von 1520; vor der Südseite der *Fischkasten* oder Syrlinbrunnen). Dem Rathaus fast benachbart ist das am Marktplatz stehende

*Ulmer Museum [10] mit seinen bedeutenden Sammlungen zum künstlerischen und handwerklichen Schaffen Ulms und Oberschwabens seit dem Mittelalter (dienstags bis sonntags 10–17, donnerstags 10-20 Uhr). – An der Neuen Straße/ Taubenplätzle steht der *Delphinbrunnen.*

Gegenüber dem Rathaus führt von der Neuen Straße die *Kramgasse* nach Norden (Ecke *Schuhhausgasse* das *Schuhhaus* [11], ehemaliges Schuhmacherzunfthaus von 1537). Weiter nördlich steht am Kornhausplatz das ehemalige Lagerhaus *Kornhaus* [12] (16. Jh.; Wiederaufbau 1962), von dem aus man durch die *Kornhausgasse, Frauenstraße* (Abstecher nach Norden, vorbei am *Seelengraben* mit seinen alten *Grabenhäusern,* zum *Alten Friedhof* mit Grabsteinen des 16. bis 18. Jh.) und die *Donaustraße (Reichenauer Hof* [13] von 1535) zum Donauufer zurückgeht. Dort trifft man auf die *Adlerbastei* [14], von der aus Albrecht Ludwig Berblinger, der „Schneider von Ulm", 1811 über die Donau zu fliegen versuchte.

Erheblich weiter nordöstlich erstrecken sich an der Donau die Grün- und Seenanlagen der *Friedrichsau* [15] mit den besuchenswerten *Aquarium* mit *Tropenhaus* (dienstags bis sonntags 10–18, im Winter bis 17 Uhr) und der *Donauhalle* (Veranstaltungs- und Kongreßhalle, Restaurant, Ausstellungsgelände).

Nordöstlich der Adlerbastei führt die *Gänstorbrücke* über die Donau nach *Neu-Ulm.* Man kann quer durch die Stadt *(Augsburger Straße* mit der Kirche *St. Johann Baptist; Schützenstraße)* oder am Donauufer zum sehenswerten *Edwin-Scharff-Haus* [16] gehen, dem Tagungs- und Kulturzentrum (auch *Edwin-Scharff-Museum)* von Neu-Ulm.

PRAKTISCHE HINWEISE

ⓘ Verkehrsbüro, Münsterplatz 51, Tel. 07 31/6 41 61.

🚂 Friedrichshafen, Kempten, Sigmaringen, Stuttgart, Regensburg, München.

🚌 nach allen Richtungen.

🏨 „Intercity-Hotel", Bahnhofplatz 1 (ab 1.9.90 wegen Umbaus geschl.); „Hotel Neuthor", Neuer Graben 23; „Stern", Sterngasse 17.

🏨 „Goldenes Rad", Neue Straße 65; „Ulmer Spatz", Münsterplatz 27; „Am Rathaus", Kronengasse 10; „Ibis", Neutorstr. 12; „Goldener Bock", Bockgasse 25.

🏨 „Münster-Hotel", Münsterplatz 14..

🏚 Grimmelfinger Weg 45 (ganzj.).

🏊 Frei- und Hallenbad.

*Konstanz

Konstanz (407 m; 69 000 Einw.) ist die größte Stadt des Bodenseegebietes und die einzige deutsche Ortschaft südlich des Bodensees (die Altstadt liegt an Obersee und Rhein, die eingemeindeten Orte liegen am Überlinger See). Konstanz ist Sitz der Bodensee-Forschungsanstalt, des Instituts für Landschaftskunde des Bodenseegebiets und einer Universität (im nördlichen Stadtteil Egg). Zu den touristischen Attraktionen gehören die Spielbank an der Seestraße, die Internationalen Musiktage (Juni/Juli) und das Weinfest und das Seenachtsfest (Juli/Aug.).

GESCHICHTE

Der Raum Konstanz war seit der Mittelsteinzeit ständig besiedelt, wie die im Rosgartenmueum untergebrachten reichen Funde beweisen. In keltischer Zeit scheint eine Siedlung auf der Höhe, auf der jetzt das Münster steht, bestanden zu haben. Eine römische Straßenstation wurde unter Kaiser Tiberius errichtet. Später wurde ein Kastell angelegt, das vielleicht nach dem Kaiser Constantius Chlorus (293 bis 306) „Constantia" benannt wurde.

Zur Zeit der Alemannen wurde Konstanz um 590 Bischofssitz.

Herstellung und Export von Leinwand stärkten seit dem 14. Jahrhundert die wirtschaftliche Position der Stadt. Ihre größte Zeit erlebte die Stadt als Tagungsort des 16. Allgemeinen Konzils („Konzil von Konstanz", 2. Reform-Konzil) von 1414 bis 1418.

Konstanz wurde zu Beginn des 16. Jahrhunderts Grenzstadt und verlor, da es sich der Reformation angeschlossen hatte, 1548 seine Reichsfreiheit. Es wurde eine österreichische Landstadt. 1806 kam die Stadt an Baden. 1827 wurde der Bischofssitz nach Freiburg im Breisgau verlegt. Im Revolutionsjahr 1848 proklamierte Friedrich Hecker aus Eichtersheim in Konstanz die deutsche Republik. Seit 1973 ist Konstanz die Hauptstadt des aus den ehemaligen Kreisen Konstanz und Stockach bestehenden Kreises Konstanz.

SEHENSWÜRDIGKEITEN

Man beginnt den Rundgang am

Kaufhaus [1], das heute „das Konzil" genannt wird; in ihm fand während des Konzils von Konstanz am 8. November 1417 das Konklave statt, das zur Wahl des Papstes Martin V. führte. Die Säle des 1388 als Korn- und Weinspeicher erbauten Hauses wurden 1968/70 zu Festsälen umgebaut. Sie sind mit Wandgemälden geschmückt.

Gegenüber am Gondelhafen steht das *Zeppelindenkmal* zu Ehren des 1838 in Konstanz geborenen Grafen von Zeppelin. An dem 1876–79 auf einer künstlichen Halbinsel angelegten *Stadtgarten* vorbei kommt man zur

Christuskirche [2] (17. Jh; früher Jesuiten-, jetzt altkatholische Kirche; gute Barockausstattung) und zum *Stadttheater* (1610, umgebaut 1934; früher Teil des Jesuitenkollegs). Auf der Dominikanerinsel steht das

Insel-Hotel [3], das zum Hotel umgebaute ehemalige Dominikanerkloster von 1236, in dem im 14. Jahrhundert der Konstanzer Mystiker Heinrich Seuse (Suso) lebte. Gut erhalten ist der herrliche gotische *Kreuzgang* (13. Jh.). Zum Rhein hin liegt das *Regierungsgebäude* [4] (17. Jh.; ehemalige Dompropstei mit Rokokoportal und -sälen). Am Rhein selbst stehen der *Rheintorturm* (das ehemalige Brückentor) und rheinabwärts der *Pulverturm*, der zur

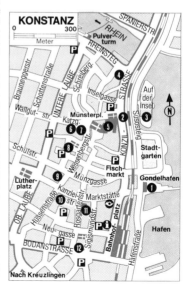

Zeit der mittelalterlichen Judenverfolgung Judengefängnis war. Über die *Untere Laube* und die *Katzgasse* kommt man zur Basilika Unserer Lieben Frau, zum

***Münster** [5]. Der älteste erhaltene Teil des Gotteshauses ist die *Krypta* (um 1000). Vier Säulen gelten als vorkarolingisch. Die Baugeschichte der heutigen Kirche beginnt im 11. Jahrhundert und endet mit dem Jahre 1856 (gotische Turmpyramide). Der ursprünglich romanische Bau hat tiefgreifende gotische und barocke Veränderungen erlebt.

Die geschnitzten *Türen des Hauptportals* (1470) stammen aus der Werkstatt des Konstanzers Simon Haiser. Die hölzerne *Kanzel* (17. Jh.) schuf Christian Daniel Schenk. In der *Welserkapelle* ist ein schöner Prophetenfries (um 1500) zu sehen. Die Altaraufsätze (um 1600) in der *Franz-Xaver-* und in der *Anna-Kapelle* stammen von Franz Morinck. Das herrliche **Chorgestühl* (um 1467) entstand in der Werkstatt von Simon Haiser. Den Thomas-Chor schmückt die einzigartige gotische *Wendeltreppe* (1438), „Schnegg" genannt. In der *Mauritiuskapelle* steht das berühmte **Heilige Grab* (um 1280).

Im *Haus zur Kunkel* (Münsterplatz 5; dienstags bis freitags 10–12 und 14–16, samstags 10-11.30 Uhr) geben Malereien (um 1300) eine Vorstellung von der Leinen- und Seidenweberei. Das *Haus zur Katze* [6] (1424) war Stadtarchiv. Im Haus Wessenbergstraße 41 befindet sich die *Städtische Wessenberg-Gemäldegalerie* [7] (dienstags bis samstags 14.30–17, sonntags 11–13 Uhr).

Die Wessenbergstraße führt zur *Stephanskirche* [8] (1424–1486; Chor barock

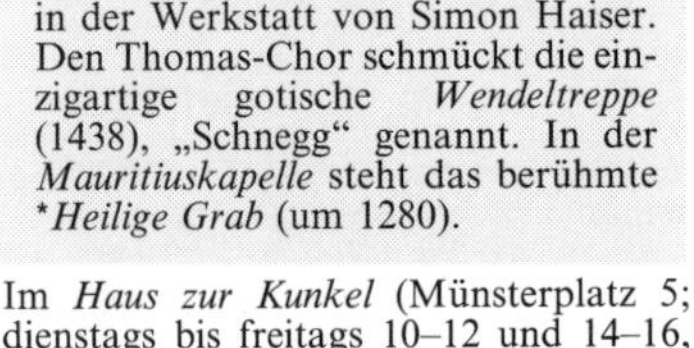

Blick auf das Münster

überarbeitet). Die Kirche besitzt von Hans Morinck das Grabmal seiner Frau, ein Sakramentshäuschen und drei Passionsreliefs (alle um 1600).

Die Wessenbergstraße endet am *Obermarkt* [9], von dem es nicht weit ist zum *Neuen Rathaus* [10], einem 1585 bis 1594 umgebauten Zunfthaus. Sehenswert sind Innenhof und Rückgebäude (Laube und Treppentürme). An der nahen *Hussenstraße* liegt das *Hus-Museum,* das an den tschechischen Reformator Johannes Hus erinnert, an der *Rosgartenstraße* steht das

***Rosgartenmuseum** (Rosgartenstr. 3–5) [11], ein ehemaliges Zunfthaus (frühes 15. Jh.) mit vorgeschichtlichen, geschichtlichen und Kunstsammlungen (Oktober bis März dienstags bis freitags 11-17, samstags und sonntags 11–16; im Sommer ab 10 Uhr). In der südlich des Museums gelegenen *Dreifaltigkeitskirche* [12] sind Fresken zur Geschichte des Augustinerordens.

Konstanz ist südl. Punkt der Schwäbischen Dichterstraße. Im Haus Marktstätte 8 (Gasthaus zum Adler) wohnte 1580 der franz. Schriftsteller und Philosoph *Michel de Montaigne*. Die Villa Seeheim (Eichhornstraße 86) war ab 1890 Wohnsitz des Schriststellers *Wilhelm von Scholz* (1874–1969), der sich in seinen Werken (z. B. „Bodensee", „Hohenklingen", „Der Jude von Konstanz") mit dem Bodensee befaßt hat. Das angebliche Geburtshaus *Heinrich Seuses* (s. S. 23) ist das *Haus zur Täsch* (Hussenstr. 39).

PRAKTISCHE HINWEISE

❶ Bahnhofsplatz 13, Tel. 28 43 76.

Immendingen, Singen u. a.

Allensbach, Reichenau, Singen u. a.

Hauptstrecken: Konstanz – Meersburg – Friedrichshafen – Lindau – Bregenz und Konstanz – Meersburg – Überlingen; ferner Kreuzlingen, Radolfzell, Schaffhausen; Auto-Personenfähre Konstanz – Meersburg mit Tag- und Nachtbetrieb (Fahrzeit 15 Minuten).

„Steigenberger Inselhotel", Auf der Insel 1; „Parkhotel am See", Seestr. 25; „Seeblick", Neuhauser Str. 14.

„Deutsches Haus", Marktstätte 15; „Eden", Bahnhofstr. 4.

Allmannshöhe 18. – Konstanz, Dingelsdorf, Litzelstetten, Wallhausen.

Thermalbad; Hallen-, Frei- und Strandbäder.

*Überlingen und **Birnau

Überlingen (408 m; 19 000 Einw.) ist malerisch am Südhang des *Überlinger Sees* gelegen. Die altertümliche ehemalige Reichsstadt gehört als Kneippheilbad und Luftkurort zu den am stärksten besuchten Ferienplätzen am Bodensee (viele Sport- und Hobbymöglichkeiten, z. B. Malkurse, Ferienseminare für Gartenfreunde, Ferienfahrschule, Segel- und Windsurfschule, Sporttauchen).

GESCHICHTE

Überlingen geht auf eine frühalemannische Siedlung zurück, die um 1180 von Kaiser Friedrich I. zur Stadt erhoben und nach dem Untergang der Staufer (1268) Reichsstadt wurde. Noch im 13. Jahrhundert gab sich die Stadt eine Verfassung, die das Stadtregiment in die Hände der Patrizier und Zünfte legte. Durch den Handel mit Wein, Salz und vor allem Getreide wurde Überlingen zu einem der größten und reichsten Märkte Oberdeutschlands. Hervorragende öffentliche und Bürgerbauten kündeten und künden zum Teil noch heute von diesem Reichtum.

1643 wurde Überlingen von der protestantischen württembergischen Besatzung des Hohentwiels erobert und geplündert. Damit begann ein wirtschaftlicher Rückgang, der längere Zeit angehalten hat.

Aufgrund ihrer herrlichen landschaftlichen Lage, des wohltuenden Klimas und der vorzüglichen Kuranlagen aber entwickelte sich die Stadt, die schon im 15. Jahrhundert als Badeort geschätzt war, zu einem beliebten Kurort, der auch Wassersportzentrum ist.

SEHENSWÜRDIGKEITEN

Über die Altstadt, deren mittelalterliche Befestigung zum Teil erhalten geblieben ist, ragt mächtig das

Münster empor, dessen älteste Teile um 1350 gebaut wurden. Beendet wurden die Bauarbeiten nach zahlreichen und nicht immer glücklichen Veränderungen des ursprünglichen Planes erst um 1570. Unvollendet blieb der mit einem Walmdach gedeckte Südturm, in dem die 177 Zentner schwere und fast 2 m hohe „Osanna-Glocke" hängt. Der um drei Geschosse höhere Nordturm erhielt 1574–76 noch ein achteckiges Türmchen. Dieses ungleiche Turmpaar ist das Wahrzeichen von Überlingen.

Überlingen: Franziskanertor

Das Innere der Kirche ist reich an hervorragenden Ausstattungsstücken. Das wertvollste Stück ist der *Hochaltar* (1613–16), das Hauptwerk des Jörg Zürn aus Waldsee, der im 17. Jahrhundert der bedeutendste Bildhauer des Bodenseegebietes war. Am Überlinger Altar finden wir Nachklänge der Spätgotik mit den Formen der Renaissance und volkstümlicher Krippenkunst verbunden. Im Mittelpunkt der figürlichen Darstellungen steht die Krippenszene. Auch das auf der Evangelienseite des Chores stehende *Sakramentshaus* (1611) stammt von Jörg Zürn. Weitere Werke des Meisters sind der *Marienaltar* (1607 bis 1610; auch *Betz-Altar* genannt) und der *Schutzengelaltar* (1634), der als sein letztes Werk gilt. Von seinen Brüdern Martin und Michael stammt der *Rosenkranzaltar* (1640).

Im Chor sind ferner das *Chorgestühl* (15. Jh.) und die beiden *Verkündigungsstatuen* (Maria und der Engel) an den Fensterpfeilern zu beachten. Die Statuen dürften im frühesten 14. Jahrhundert entstanden sein.

Die *Sandsteinfigur des heiligen Nikolaus,* der der Kirchenpatron ist, gehört ebenfalls dem frühen 14. Jahrhundert an. Die zum großen Teil erneuerte *Steinkanzel* ist aus dem 16. Jahrhundert.

Auf der Südseite des Münsters steht die achteckige *Ölbergkapelle* (1493) mit einer lebensgroßen Christusfigur. Von den übrigen kirchlichen Bauten der Stadt sind zu erwähnen: die nördlich des Münsters stehende *Franziskanerkirche* (15. Jh.; im

18. Jh. im Innern barockisiert) und die im sogenannten Dorf stehende *St.-Jodokus-Kapelle* (1462; Wandmalereien 15. Jh.).

Die bedeutendsten Profanbauten sind: die an der Schiffslandestelle stehende *Greth* (Kornhaus von 1400; umgebaut 1788; heute Bibliothek), das *Rathaus* (1489–1494; im Ratssaal von Jakob Ruß geschaffene Statuetten, die die Stände des Heiligen Römischen Reiches Deutscher Nation darstellen), das mit dem „Pfennigturm" (ehemals städtische Münze) verbunden ist, und schließlich auf dem *Luzienberg* das *Reichlin-Meldeggsche Haus* (15.–17. Jh.; Hauskapelle), heute *Städtisches Heimatmuseum* (dienstags bis samstags 9–12.30 und 14–17, sonn- und feiertags 10–15 Uhr; u. a. Skulpturen von Joseph Anton Feichtmayr, Barockkrippen, historische Puppenstuben).

Zu nennen sind ferner der am See gelegene *Kurbezirk* (Kurgarten, Kursaal, Kurmittelhaus) und der *Stadtgarten.*

Zur Station an der Schwäbischen Dichterstraße wird Überlingen durch das Wohnhaus (Gradebergstr. 22a, St. Johann) des Schriftstellers *Emil Strauß* (1866–1960) und das Wohn- und Sterbehaus (Seepromenade 5) des Schriftstellers *Friedrich Georg Jünger* (1898–1977).

❶ Kurverwaltung, Landungsplatz 7.

🚅 Friedrichshafen, Radolfzell u. a.

🚌 Friedrichshafen, Heiligenberg, Pfullendorf, Radolfzell u. a.

🚢 Bodman, Konstanz, Mainau und Meersburg.

🛏 „Kur- und Parkhotel St. Leonhard"; „Seegarten". – 🛏 „Ochsen"; „Seehof".

⚠ Alte Nußdorfer Straße 26 (ganzj.).

⚠ Überlingen; in Nußdorf und in Untermaurach. – 🛶.

UMGEBUNG

Goldbach. Westlich von Überlingen steht am Seeufer die *Silvesterkapelle* von *Goldbach,* die aus vorromanischer Zeit stammt und in gotischer Zeit nur geringfügige Änderungen erfahren hat. Diese kleine Kirche besitzt im Chor und am Triumphbogen *Wandmalereien* (10. Jh.), die denen von St. Georg in Oberzell (siehe S. 33) verwandt sind. Die Malereien oberhalb des Triumphbogens gehören dem 15. und 16. Jahrhundert an.

Birnau, 5 km außerhalb von Überlingen an der Straße nach *Meersburg* und zu

Uhldingen-Mühlhofen gehörend, besteht nur aus dem Priorat und der Wallfahrtskirche *Neu-Birnau.* Der Wallfahrtsort lag ursprünglich näher bei Nußdorf. Er wurde vom Kloster Salem, dem er unterstand, 1746 an die heutige Stelle verlegt. Daher rührt der Name Neu-Birnau.

> Die heutige **Kirche** und das *Priesterhaus,* die eine bauliche Einheit bilden, wurden 1746–50 von dem Bezauer Baumeister Peter Thumb erbaut. Er war einer der Großen der Vorarlberger Bauschule, der den Schritt vom ländlichen Barock zum beschwingten Rokoko tat. Birnau ist sein Meisterwerk.

Wallfahrtskirche Neu-Birnau

Man betritt die Kirche durch das Priesterhaus (Priorat), weil der Turm aus dem Priorat herauswächst, dessen lebhaft gegliederte Fassade auf diese Weise zur Fassade der Kirche wird.

Ds Innere der Kirche bildet einen Saal, in den Langhaus und Chor gleichermaßen einbezogen sind, weil die Dekoration und die umlaufende Galerie die im Grundriß vorhandene Unterteilung in Langhaus und Chor für den Betrachter unwirksam werden lassen. Alles ist Bewegung.

Die Ausstattung der Kirche (darunter die Barockputte „Der Honigschlecker") schufen der Bildhauer und Stukkateur Josef Anton Feichtmayr (1696–1770) und seine Mitarbeiter Franz Anton und Johann Georg Dirr. Die *Deckenfresken* sind von Gottfried Bernhard Götz aus Augsburg.

Auf dem *Hochaltar* von Feichtmayr steht das Gnadenbild der „Lieblichen Mutter von Birnau", eine schöne spätgotische Holzplastik (15. Jh.).

**Meersburg

Meersburg (400–500 m; 5000 Einw.), das 1988 feierlich sein tausendjähriges Jubiläum beging, ist die malerischste Bodenseestadt, die Stadt der Dichterin *Annette von Droste-Hülshoff*, die Stadt des aus roten Trauben gepreßten „Weißherbstes" (Kellereibesichtigungen und Weinproben) und ein Zentrum des Fremdenverkehrs.

GESCHICHTE

Vor der „Merdesburch" (erstmals im 10. Jh. genannt) entstand (zum heutigen Rathaus hin) eine Ansiedlung, die 1299 Stadt wurde. Burg- und Stadtherren waren bis 1802 die Bischöfe von Konstanz.

Im 14. und 15. Jahrhundert erfreute sich die Stadt einer weitgehenden Selbständigkeit. 1334 setzte sie sich in der Konstanzer Bischofsfehde entschieden für ihren Stadtherrn ein und überstand eine mehrwöchige Belagerung durch kaiserliche Truppen.

1457 verlor die Stadt wegen Gewalttätigkeiten, die einige ihrer Bürger in der bischöflichen Burg verübt hatten, ihre Privilegien. Als Konstanz protestantisch geworden war, siedelte der Bischof nach Meersburg über (1526). Als Residenzstadt erlebte der Ort eine neue Blütezeit, die mit einer umfangreichen Bautätigkeit verbunden war. Infolge der Säkularisation kam Meersburg 1802 an Baden. Wenn es danach auch für einige Jahre Verwaltungssitz des badischen Oberen Fürstentums am See und Sitz des Hofgerichts des badischen Seekreises war, so wurde aus der blühenden Residenzstadt nun doch schnell eine kleine unbedeutende Landstadt. Erst der moderne Tourismus (Prädikat „Erholungsort") brachte Meersburg einen neuen Aufschwung.

SEHENSWÜRDIGKEITEN

In der Unterstadt stehen am Hafen das ehemalige Speichergebäude *Grethaus* (1505), an der Unterstadtstraße die *Unterstadtkapelle* (1390; gute Schnitzarbeiten) und das *Seetor* (Unterstadttor). Von der Unterstadtstraße führt die *Burgweganlage* (Staffeln) zur Oberstadt, nach Unterqueren der Schloßbrücke vorbei an der *Schloßmühle* (1620; größtes oberschlächtiges Mühlrad Deutschlands). Über ihr erhebt sich das

*Alte Schloß (täglich 9–17.30 Uhr). Sein mächtiger Bergfried, der *Dagobertsturm,* ist mit einem Teil der Schildmauer der älteste Teil des Schlosses und stammt trotz seines Namens (König Dagobert I. lebte im 7.Jh.) wohl aus dem 11. Jahrhundert. Die ursprüngliche Burganlage erfuhr vor allem im 16. und 17. Jahrhundert durch Um- und Anbauten Veränderungen, die aber der Anlage den Burgcharakter im wesentlichen beließen, so daß die Bezeichnung „Meersburg" weit zutreffender ist als die Bezeichnung „Altes Schloß".

In dem 1838 von dem Freiherrn von Laßberg erworbenen Schloß befinden sich die *Wohnräume der Dichterin Annette von Droste-Hülshoff,* der Schwägerin Laßbergs, die hier 1848 starb. Wegen des Freiherrn, der ein bekannter Germanist war, und vor allem wegen des aus Westfalen stammenden Dichterin ist Meersburg eine der großen Stationen der Schwäbischen Dichterstraße.

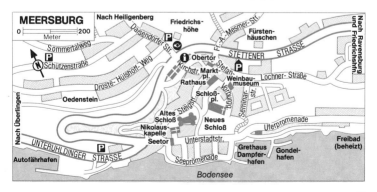

Altes Schloß

Ein zweiter Weg von der Unter- zur Oberstadt ist die malerische *Steigstraße.* Sie führt zum *Marktplatz* mit dem Rathaus (1551, umgebaut 1784). Durchs *Falbentor* geht man zum *Schloßplatz,* an dem das

*Neue Schloß (1712, 1741–50) liegt, die einstige Residenz der Fürstbischöfe von Konstanz. Die *Schloßkapelle* ist von J. A. Feichtmayr stuckiert und von G. B. Götz ausgemalt worden. Großartig ist das *Treppenhaus,* dessen Deckenmalereien von dem Italiener G. Appiani stammen. Die Schauräume des Schlosses und das *Dornier-Museum* können von Ostern bis zum 31. Oktober täglich von 10–13 und 14–18 Uhr besichtigt werden.

Am Schloßplatz 8 befindet sich das interessante *Zeppelinmuseum* (geöffnet 22.3. bis 30.10. von 9-18 Uhr).

In der vom Schloßplatz ausgehenden *Vorburggasse* steht das *Sterbehaus* (Nr. 11) *von Franz Anton Mesmer* (s. S. 62), heute *Meersburger Weinbaumuseum* (Mai bis September sonntags, dienstags und freitags 14–17 Uhr).

Vom Marktplatz kommt man durch das *Obertor* – in seiner Nachbarschaft entstand das neue *Stadtmuseum* (Kirchstr. 4) – zur *Stettener Straße* und zum

Fürstenhäusle (1640), einem ehemaligen Rebhäuschen, das Annette von Droste-Hülshoff gehört hat und heute ein *Drostemuseum* ist (von Ostern bis 15. Oktober täglich 9–12 und 14–18 Uhr).

Bei dem am Wege nach *Meersburg-Baitenhausen* gelegenen Friedhof steht eine kleine *Kapelle* (15. Jh.) mit spätgotischen Schnitzarbeiten. An der oberen Mauer des Friedhofs befinden sich die *Gräber der Droste* und ihres Schwagers *Laßberg.*

Am Weg nach *Hagnau,* über das „Wetterkreuz" hinaus, kommt man zur *Ehrenstätte Lerchenberg* für alle Toten beider Weltkriege.

❶ Verkehrsamt, Kirchstr. 4.

🚢 Station Uhldingen-Mühlhofen.

🚌 Friedrichshafen, Markdorf, Radolfzell, Überlingen u. a.

⛴ An allen großen Bodenseelinien.

🏨 „Bad-Hotel Meersburg", von-Laßberg-Str. 23; „Strandhotel Wilder Mann", Bismarckplatz 2; „Terrassen-Hotel-Weißhaar", Stefan-Lochner-Str. 24.

🏨 „Seehotel zur Münz", Seestr. 7; „Seegarten", Uferpromenade 47; „Bären", Marktplatz 11; „Löwen", Marktplatz 2; „Bellevue", Am Rosenhag.

⛵ Segel-, Windsurf- u. Tauchschule.

UMGEBUNG

Hagnau am Bodensee (400 m; 1400 Einw.), 5 km von Meersburg entfernt und an der Straße nach Friedrichshafen gelegen, ist ein Erholungsort mit einem großen Naturstrandbad.In dem alten Winzer- und Fischerdorf und in seiner Umgebung hatten viele Klöster Besitzungen, deren Verwaltung sie in Hagnau Amtshäuser errichten ließen. Zu den hier begüterten Klöstern gehörten Salem, Schussenried, Weingarten und Einsiedeln.

Die spätgotische Pfarrkirche *St. Johann Baptist,* deren Turm zum Teil noch romanisch ist, wurde 1729 barockisiert. Der spätgotische *Johanneskopf* wird seit der letzten „Seegfrörne" (1963 fror der Bodensee zu) im schweizerischen Münsterlingen aufbewahrt. Auf dem linken Seitenaltar steht eine *Madonna,* die von einem Künstler aus der Umgebung von Hans Multscher (siehe S. 45) stammen dürfte. Kanzel und Chorgestühl entstanden im Jahr 1675; die Figur des heiligen Sebastian von Christian Daniel Schenk stammt aus der Zeit um 1680.

Der *Salmannsweiler Hof* (1568 umgebaut) bei der Pfarrkirche ist das ehem. Amtshaus des Klosters Salem. Das schöne *Rathaus* stammt aus dem 18. Jahrhundert.

🚌 Radolfzell, Friedrichshafen.

⛴ An der Linie Konstanz-Bregenz.

🏨 „Erbguth's Landhaus", Neugartenstr. 39.

🏨 „Landhaus Messmer" (garni), Meersburger Str. 12.

⛺ „Seeblick"; „Alpenblick". – ⛵

28

*Ravensburg

Ravensburg (449 m; 43 000 Einw.) ist der wirtschaftliche Mittelpunkt Oberschwabens und besitzt zum Teil noch mittelalterliches Gepräge. In und um Ravensburg hat sich eine vielseitige Industrie angesiedelt.

GESCHICHTE

Der Raum Ravensburg-Weingarten am Ostrand des Schussenbeckens war seit der Hallstattzeit ununterbrochen besiedelt. Westlich von Weingarten wurde das größte frühalemannische Gräberfeld (6./7. Jh.) Württembergs gefunden (mehr als 800 Gräber).

Um 1080 verlegten die Welfen ihren Wohnsitz von Altdorf (siehe Weingarten) auf die neue Ravensburg (später Veitsburg genannt). Die unter der Burg gelegene Ansiedlung erhielt Marktrechte und wurde nach dem Untergang der Staufer, die die Welfen beerbt hatten, Reichsstadt. Die Veitsburg blieb außerhalb der Stadt und gehörte zur kaiserlichen Landvogtei. Die Stadt schirmte sich daher durch Mauern und Türme gegen die Burg ab. 1380 wurde die Große Ravensburger Handelsgesellschaft gegründet.

Der Dreißigjährige Krieg vernichtete den Wohlstand der Stadt. 1802 kam sie an Bayern, 1810 an Württemberg.

SEHENSWÜRDIGKEITEN

Ravensburg ist wie keine andere Stadt Oberschwabens die Stadt der Türme und Tore. Es ist daher verlockend, zuerst einen Rundgang um die Altstadt entlang der Stadtmauer (14. Jh.) von Turm zu Turm zu unternehmen. Man beginnt im Norden am *Frauentorturm* [1] (1350), dem gegenüber die

Liebfrauenkirche [2] steht. Der nüchterne und schmucklose Bau (14. Jh.) verrät in allen Teilen die franziskanische Bettelordensarchitektur. Lediglich die *Glasgemälde* (15. Jh.) im Chor sind beachtenswert und entsprechen weniger der franziskanischen Armut.

Vom Frauentorturm aus geht man in westlicher Richtung am *Grünen Turm* [3] (erneuert) vorbei zum *Gemalten Turm* [4] (14.–16. Jh.), der seinen Namen von der Bemalung mit Rautenmustern und Wappen hat. Die *Charlottenstraße* führt dann zum

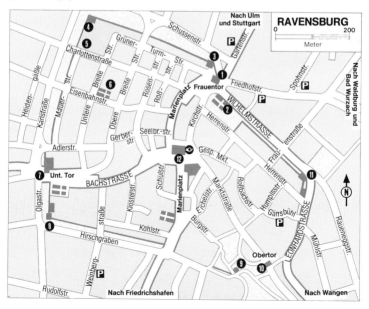

Ravensburg: Heimatmuseum

Heimatmuseum [5] im Vogthaus, einem Fachwerkhaus des 15. Jahrhunderts. Das Museum birgt eine reiche Sammlung von Kunstwerken und Dingen des Zunft- und häuslichen Lebens (dienstags bis samstags 15–17, sonntags 10–12 und 15–17 Uhr, Juli/Aug. auch montags 10-12 Uhr).

Weiter südlich steht die *Jodokskirche* [6] (14./15. Jh.); von ihr geht man durch die *Eisenbahnstraße* zur Stadtmauer zurück und dann vorbei am *Untertorturm* [7] und *Spitalturm* [8] zum *Mehlsack* [9] (etwa 50 m hoch; Name vom weißen Verputz), von dem aus ein Weg zur *Veitsburg* führt. Am *Obertorturm* [10] und *Schellenberger Turm* [11] (auch *Katzenlieselesturm* genannt) vorbei kommt man zurück zum *Frauentorturm* (älteste Teile aller Türme 14. Jh.). Die Stadtmitte bildet der

Marienplatz [12], der Marktplatz mit dem *Blaserturm* (16. Jh.; Turm des Stadtwächters), dem *Waaghaus* (ehemalige Kaufhalle, 1498; mit dem Blaserturm 1553–1556 erneuert) und dem *Rathaus* (um 1400; verändert 1876 und 1930; zwei beachtenswerte Ratssäle). An den Gassen und Straßen ringsum stehen weitere alte Häuser, zum Beispiel die *Brotlaube* und das *Lederhaus*.

❶ Kultur- und Verkehrsamt, Marienplatz 54, Tel. 07 51/8 23 24.

🚉 Friedrichshafen, Ulm.

🚌 Verbindungen mit allen wichtigen Orten der Umgebung.

🏠 „Waldhorn", Marienplatz 15; „Sennerbad", Am Sennerbad 22; „Lamm", Marienplatz 47; „Obertor", Marktstr. 67.

⚕ Veitsburg.

🏊 Frei- und Hallenbad.

Veranstaltung: Juni/Juli Rutenfest.

UMGEBUNG

Weingarten (468 m; 22 000 Einw.), 4 km nördlich von Ravensburg, hieß ursprünglich Altdorf und erhielt 1865 bei der Stadterhebung den Namen Weingarten, der auf das von den Welfen gegründete Frauenkloster (10. Jh.) zurückgeht. Das Kloster wurde 1056 Benediktinern übergeben, die 1094 von der Welfin Judith eine „Reliquie des Blutes Christi" erhielten. Seit mindestens 1529 findet alljährlich am Freitag nach Christi Himmelfahrt eine Reiterprozession *(„Blutritt")* mit 2700 Reitern statt, das große Kirchenfest Oberschwabens. Das 1806 säkularisierte Kloster wurde 1922 z.T. wieder von Benediktinern übernommen.

Die barocke **Basilika** (1715–24; wahrscheinlich nach einem Entwurf von Kaspar Moosbrugger) wurde zunächst unter der Leitung von Franz Beer, der den Entwurf änderte, ab 1717 unter der Leitung von Donato Giuseppe Frisoni erbaut. Frisoni gab der Kirche vor allem die majestätische *Kuppel,* eine würdige Krönung dieser größten Barockkirche Deutschlands. Das Innere der Kirche wirkt durch seine gewaltigen Verhältnisse, die wuchtigen Pfeiler, die farbenfrohen *Fresken* von Cosmas Damian Asam, die feinen *Stukkaturen* von Franz Schmuzer, das reichverzierte *Chorgestühl* von Josef Anton Feichtmayr und endlich die berühmte *Orgel* des Ochsenhauseners Josef Gabler. Jünger ist die wirkungsvolle Rokokokanzel (1762–65) von F. Sporer. Im renovierten *Kornhaus* befindet sich das *Alemannenmuseum* (Grabbeigaben u. a. aus dem 6.–8. Jh.; Öffnungszeiten: Tel. 07 51/40 51 25).

🏠 „Bayerischer Hof", Abt-Hyller-Str. 22; „Altdorfer Hof", Burachstr. 12.

Weingarten: Basilika

**Lindau

Lindau (400 m; 25 000 Einw.) ist die Hauptstadt des gleichnamigen Kreises und nimmt den größten Teil des bayerischen Bodenseeufers ein. Die Stadt besteht aus der *Alt-* oder *Inselstadt* und der festländischen *Gartenstadt,* zu der u. a. die Ortsteile *Bad Schachen* und *Aeschach* gehören. Im Osten/Südosten grenzt Lindau an Österreich. Die Inselstadt ist mit dem Festland durch eine 156 m lange Straßenbrücke und einen 550 m langen Eisenbahndamm verbunden.

GESCHICHTE

Während im Ufergebiet des heutigen Ortsteils Aeschach schon in römischer Zeit eine Ansiedlung bestanden zu haben scheint, ist für die Insel erst in fränkischer Zeit eine Besiedlung nachweisbar. Bei der dortigen Fischersiedlung wurde im frühen 9. Jahrhundert ein Frauenstift gegründet. Der zum Kloster gehörende Ufermarkt bei Aeschach wurde im 11. Jahrhundert auf die Insel verlegt. Die Inselsiedlung wurde damit Marktsiedlung und erhielt im frühen 13. Jahrhundert Stadtrechte und wurde Freie Reichsstadt. Die Lage an der wichtigen Handelsstraße von Augsburg nach Mailand ließ die Stadt durch Speditionshandel zu Wohlstand gelangen (es gab einen regelmäßigen Kurierdienst nach Mailand, den „Lindauer Boten").

1802 verlor Lindau seinen Status als Freie Reichsstadt. 1805 fiel es an Bayern. 1811/ 12 wurde ein neuer Hafen gebaut (1856 erweitert), 1853 der Eisenbahnanschluß hergestellt. 1922 und 1976 dehnte sich die Stadt durch Eingemeindung von zahlreichen Nachbarorten weit auf das Festland aus. Heute ist Lindau einer der führenden Fremdenverkehrs- und Tagungsorte am Bodensee.

SEHENSWÜRDIGKEITEN

Ausgangspunkt des Rundgangs ist die am Hafen gelegene *Seepromenade.* An ihr steht der

Mangturm [1], ein Rest der Befestigungsanlagen, die die Marktsiedlung zur Zeit ihrer Stadterhebung (frühes 13. Jh.) erhielt. Von dort überblickt man den *Seehafen* und erkennt an der Hafeneinfahrt den 33 m hohen *Leuchtturm* [2] und das 6 m hohe Standbild des *bayerischen Löwen* [3], geschaffen von Johann von Halbig (1814 bis 1882). Den fernen Hintergrund bilden die Berge des Bregenzer Waldes und der Ostschweiz.

Über den *Reichsplatz* [4] (*Lindavia-Brunnen* von 1884) geht man zum

Alten Rathaus [5], das zwischen der *Ludwigstraße* und der *Maximilianstraße* steht, 1422 bis 1436 erbaut wurde und

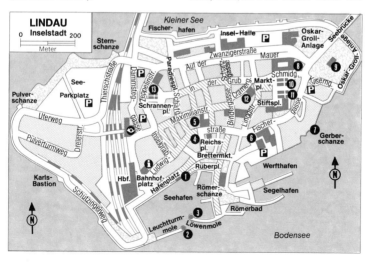

Altes Rathaus

später mehrfach Veränderungen erfuhr. Die Nordfassade weist einen Staffelgiebel und vor dem ersten Obergeschoß die große Ratslaube auf, zu der eine gedeckte Treppe hinaufführt. Die Fassadenmalereien (1972 bis 1975) wurden nach Entwürfen von Josef Widmann ausgeführt. Das Friesband stellt den Einzug des 1496 in Lindau abgehaltenen Reichstages dar. Die Ratssäle sind spätgotisch – mit Elementen der Renaissance.

Das benachbarte *Neue Rathaus* (Bismarckplatz 3) ist ein barocker Bau (1706–1717).

Man geht die Ludwigstraße nach Osten und kommt zum *Barfüßerplatz*, an dem das *Stadttheater* [6], die gründlich umgebaute ehemalige Barfüßerkirche (13. und 14. Jh.), steht.

Von der *Fischergasse* macht man einen Abstecher zur *Gerberschanze* [7] und geht dann die Fischergasse weiter bis zur *Schmiedgasse* und zur sogenannten *Heidenmauer* [8], die trotz ihres Namens nicht aus heidnischer (römischer) Zeit stammt, sondern bestenfalls der karolingischen Zeit zuzuordnen ist und ein Wachtturm war. Östlich der Heidenmauer liegt die *Oskar-Groll-Anlage* mit der *Internationalen Spielbank* [9].

Die Schmiedgasse führt zum *Marktplatz,* an dessen Ostseite sich zwei Kirchen gegenüberstehen. Die nördlich gelegene ist die evangelische Stadtpfarrkirche *St. Stephan* [10], ein gotisches Gotteshaus (romanische Reste), das vor allem 1781 bis 1783 barockisiert worden ist. Gegenüber steht die katholische

Marienkirche [11], die ehemalige Kirche des Frauenstifts. Es handelt sich um einen von Johann Caspar Bagnato 1748 bis 1751 an der Stelle der 1728 niedergebrannten (großer Stadtbrand) romani-

schen Kirche errichteten Barockbau, der mit Stuckdekorationen und Wandmalereien (meist nach 1925 erneuert) reich ausgestattet ist. In den ehemaligen *Stiftsgebäuden* (1730–1736) befinden sich heute *Landratsamt* und *Amtsgericht.*

An der Westseite des Marktplatzes steht Ecke *Cramergasse* das

> **Haus zum Cavazzen** [12], das schönste Bürgerhaus am Bodensee. Der Barockbau wurde 1728 bis 1729 errichtet und wahrscheinlich nach der Kaufmannsfamilie de Cavazzo benannt. Er beherbergt heute die *Städtischen Kunstsammlungen* (geöffnet dienstags bis samstags 9–12 und 14–17, sonntags 10–12 Uhr).

Das südlich gelegene Haus *Linggstraße 8* ist das *Geburtshaus des Dichters Hermann von Lingg* (1820–1905).

Innerhalb einer Fußgängerzone, die quer durch die Mitte der Altstadt vom Marktplatz bis zur Seepromenade reicht, geht man durch die an alten Bürgerhäusern reiche *Cramergasse* (an der sich anschließenden *Maximilianstraße* einige Häuser mit sogenannten *Brotlauben,* Arkaden), das enge *Zitronengässle* und die Straße *In der Grub* zum *Schrannenplatz,* an dem die wuchtige

Peterskirche [13], die im Kern älteste Kirche (11. Jh.) Lindaus steht (heute Kriegergedächtnisstätte). Die **Passionsfresken* (um 1490) gelten als die einzigen erhaltenen Wandmalereien von Hans Holbein dem Älteren. Nahe der Kirche steht am höchsten Punkt der Insel der *Diebsturm* (um 1375).

Vom Diebsturm führt die *Zeppelinstraße* zur *Thierschbrücke,* von der aus sich ein Spaziergang am Westufer der Stadtinsel *(Sternschanze, Pulverschanze* und *Pulverturm)* machen läßt.

❶ Touristik-Information, am Hauptbahnhof.

🚗 München, Stuttgart, Zürich u. a.

🚆 Friedrichshafen, Bregenz u. a.

🚢 Bregenz, Konstanz, Insel Mainau.

🏨 „Bayerischer Hof", „Bad Schachen".

🏨 „Seegarten", Seepromenade.

🏠 Gasthof „Zum Stift", Stiftsplatz.

🏚 Herbergsweg 11 a (15. 1.–15. 12.).

⛺ „Lindau-Zech" (städtisch); „Gitzenweiler Hof" (privat).

🏊 Fünf See- und Strandbäder sowie andere Schwimmbäder.

✓ (08382) 4038

*Reichenau und **Mainau

Die *Reichenau (4 km²; 4800 Einw.) ist die größte Insel des Bodensees. Mit dem Festland ist sie seit Mitte des 19. Jahrhunderts durch einen Damm verbunden. Die Oberfläche der Insel hat die Form eines flachgewölbten Schildes, dessen höchste Erhebung die *Hochwart* (40 m über dem Seespiegel) bildet. Die Ortsteile *Ober-, Mittel-* und *Niederzell* liegen weit zerstreut um drei alte Kirchen.

Die Bevölkerung befaßt sich hauptsächlich mit Gemüseanbau, in zweiter Linie mit Fremdenverkehr, Fischfang und Weinbau. Das ungewöhnlich günstige Klima ermöglicht zwei bis vier Ernten im Jahr. Neben der Freilanderzeugung spielen die Glashauskulturen (40 ha) eine große Rolle. Die heutige Reichenau setzt somit in großem Stile fort, was ehemals die Mönche des Klosters Reichenau im kleinen Kräutergärtchen begonnen haben.

GESCHICHTE

Im Jahre 724 gründete der westgotische Bischof Pirmin im Auftrage Karl Martells und alemannischer Fürsten das Benediktinerkloster Reichenau, das mit großem Grundbesitz ausgestattet wurde. Abt Waldo (786–806) gründete die *Reichenauer Gelehrtenschule* und Bibliothek. Damit begann das „Goldene Zeitalter" der Reichenau. Die glanzvollste Persönlichkeit dieser Zeit war der Mönch und spätere Abt Walahfrid Strabo (etwa 809–49). Der Theologe und Dichter war der Erzieher der Söhne des Kaisers Ludwig des Frommen.

Eine zweite Blütezeit brach um das Jahr 1000 an. Jetzt war es die *Reichenauer Malerschule,* die hervorragende Werke schuf. Sie war in erster Linie der Mittelpunkt der deutschen Buchmalerei. Die illustrierten Prachthandschriften der Reichenauer Künstlermönche gehören heute zum kostbarsten Besitz deutscher Staatsbibliotheken und Domschatzkammern. Während dieser Blütezeit lebte und wirkte im Kloster Reichenau auch Hermann der Lahme (Verfasser einer Weltchronik und Hymnendichter). Ihm und dem oben erwähnten Walahfrid Strabo verdankt es die Reichenau, daß sie Station der Schwäbischen Dichterstraße ist.

Im 13. Jahrhundert begann der geistige und wirtschaftliche Niedergang des Klosters, den die Bischöfe von Konstanz, denen die reiche und so eng benachbarte Abtei schon seit langem ein Dorn im Auge war, geschickt für sich zu nutzen wußten. Seit 1540 waren die Bischöfe von Konstanz zugleich Äbte des Klosters, das in ein einfaches Priorat umgewandelt wurde. 1757 hob Papst Benedikt XIV. auch das Priorat auf. Die Säkularisation brachte die Aufhebung des bischöflichen Gutes, das im Jahr 1803 den Anschluß an Baden.

SEHENSWÜRDIGKEITEN

Die mit Pappeln gesäumte Dammstraße führt uns zunächst nach *Oberzell* mit der Kirche

St. Georg. Sie wurde von etwa 890 bis 1050 erbaut und ist eine karolingische Säulenbasilika, deren Vierung spätgotisch eingewölbt worden ist. Unter der Vierung liegt eine *Krypta,* deren älteste Bauteile aus dem Ende des 9. Jahrhunderts stammen.

Die Kirche St. Georg ist wegen ihrer großartigen, von Reichenauer Mönchen geschaffenen **Monumentalmalereien** berühmt. Sie entstanden im 10. Jahrhundert und gehören zu den bedeutendsten Werken ottonischer Kunst. Die Wandbilder stellen acht Wunder Christi dar. Das Jüngste Gericht an der Außenseite der westlichen Apsis ist etwas jünger, wird spätestens im 11. Jahrhundert entstanden sein. Die Darstellung des Jüngsten Gerichts an der Innenwand der Westapsis stammt aus dem 18. Jahrhundert.

Oberzell: St. Georg

In der Inselmitte liegt zum Nordufer *Mittelzell* mit dem alten *Rathaus* (12./15. Jh.), das heute *Heimatmuseum* ist (geöffnet von Mai bis Sept. täglich außer montags 15–17 Uhr), dem

Münster und dem ehemaligen *Kloster Reichenau*. Die heutigen Klosterbauten stammen aus dem 17. Jahrhundert. Das Münster besteht aus einem romanischen Teil (drei Schiffe, Ost- und Westquerhaus, 9. und 11. Jh.) und aus einem gotischen Teil (Chor; 15. Jh.). In den Jahren 1964 bis 1970 wurde es von Grund auf restauriert. Das Innere beeindruckt vor

Mittelzell: Marienmünster

allem durch den offenen Dachstuhl (1. Hälfte 13. Jh.). Sehr besuchenswert ist die **Schatzkammer*, zu deren kostbarsten Stücken eine Elfenpyxis (um 500; Fuß und Deckel 14. Jh.) und Goldschmiedearbeiten gehören (geöffnet Apr. bis Okt. täglich 11–12 und 15–16 Uhr).

Einsam liegt auf der Nordwestspitze der Insel in *Niederzell* die Kirche

St. Peter und Paul, die im 9. bis 11. Jahrhundert entstand und von 1971 bis 1977 gründlich restauriert wurde. Im Chor sind *romanische Fresken (wohl um 1100) zu sehen. Das Schiff ist barock ausgestattet worden.

🚲 Konstanz, Singen (Bahnhof Reichenau auf der Halbinsel Bodanrück).

🚌 Konstanz (ab Insel und Bahnhof).

🚢 Konstanz, Kreuzlingen, Radolfzell, Schaffhausen.

🏨 „Strandhotel Löchnerhaus", Schiffslände 12; „Seeschau", Schiffslände 8; „Mohren", Pirminstr. 141, alle Mittelzell.

🏠 „Kreuz", Zelleleweg 4, Oberzell; „Insel-Hof", Pirminstr.156, Mittelzell.

⛺ „Sandseele". – 🏊 Freibad.

Die **Insel Mainau kam 722 aus fränkischem Krongut in den Besitz des Klosters Reichenau und 1273 in den des Deutschen Ordens, der hier eine Burg erbauen ließ. An der Stelle der Burg erbaute Johann Caspar Bagnato 1739 bis 1746 das dreiflügelige *Schloß*. Die neben dem Südflügel des Schlosses stehende barocke *Schloßkirche* entstand bereits 1734 bis 1739. Ihre Malereien schuf Franz Josef Spiegler, die Skulpturen Josef Anton Feichtmayr.

1827 ging die Mainau in den Besitz des Fürsten Nikolaus Esterházy über, der die ersten exotischen Bäume anpflanzen ließ. Ab 1853 ließ der spätere Großherzog Friedrich I. von Baden den ***Schloßpark* umgestalten, aber erst der auf dem Erbweg 1932 in den Besitz der Mainau gelangte Graf Lennart Bernadotte (Angehöriger des schwedischen Königshauses) gab der Mainau die Schönheit und den Reichtum an Pflanzen, die heute den Besucher begeistern.

Die Blütenpracht ist im April und Mai besonders großartig (es blühen vor allem Tulpen, Narzissen und Hyazinthen). Der Sommer ist die Zeit der exotischen Pflanzen und von rund 350 000 Sommerblumen; im September und Oktober prägen die Dahlien in besonderer Weise das Bild der „Blumeninsel im Bodensee".

🚢 Konstanz, Meersburg, Überlingen (mit guten Anschlüssen an die Linie Konstanz – Lindau – Bregenz).

🚌 An der Linie Konstanz – Allensbach-Langenrain.

Restaurants: Es gibt auf der Mainau mehrere Restaurants; die *Schwedenschenke* bietet skandinavische Spezialitäten.

Mainau: Schloß

Routenplan siehe Seite 36/37

Der Weg von *Ulm* über *Tuttlingen* nach *Schaffhausen* führt durch drei voneinander sehr verschiedene Landschaften. Zwischen Ulm und Sigmaringen erstreckt sich die stellenweise sehr weite *Donauniederung*, die im Norden von der Schwäbischen Alb, im Süden von den Moränenwällen Oberschwabens begrenzt wird. Zwischen Sigmaringen und Geisingen erhebt sich an beiden Ufern der Donau die *Schwäbische Alb*, in die der Fluß von Mühlheim bis Sigmaringen sein enges, gewundenes romantisches Tal gegraben hat. Von Kirchen-Hausen bis Schaffhausen folgt die Straße etwa der Grenze zwischen den Hügellandschaften von *Länge* und *Randen*, den Ausläufern der Schwäbischen Alb, einerseits und dem *Hegau* und – auf schweizerischem Boden – dem *Reiat* andererseits.

Man verläßt *Ulm* auf der B 311 und kommt über *Ulm-Donautal* und *Ulm-Grimmelfingen* nach *Ulm-Einsingen*, das neben Nürtingen-Ensingen als Heimat von Ulrich von Ensingen gilt. Der auch Ulrich Ensinger genannte Baumeister war von 1392 bis 1417 Leiter der Bauhütte des Ulmer Münsters (s. S. 21) und etwa gleichzeitig auch Leiter der Bauhütten der Frauenkirche zu Esslingen und des Straßburger Münsters.

Erbach (536 m; 10 700 Einw.), 12 km, hat ein hoch gelegenes, burgartiges *Schloß* (1550–1552) und vor allem die katholische Pfarrkirche *St. Martin* (1767 bis 1769; Rokoko), deren Deckengemälde (1768) Franz Martin Kuen aus Weißenhorn schuf. – Freizeitgebiet mit Badeanlage.

Oberdischingen (490 m; 1600 Einw.), 17 km, an der B 311 gelegen, war von 1661 bis 1851 Sitz der Reichsgrafen Schenk von Castell, die dem Ort an der *Herrengasse* (Marktplatz) den noch heute erhaltenen residenzartigen Charakter gaben. Die katholische *Pfarrkirche* (1800–1832) ist ein klassizistischer Zentralbau, zu dessen Rotunde das Pantheon in Rom Pate gestanden hat. – ☒☒☒ Ulm.

Ehingen (Donau)-Rißtissen, Ziel eines Abstechers (4 km je Weg) ab Oberdischingen, liegt an der B 311 am Ufer des Rißkanals an der *Riß*. Es dürfte aus der römischen Ansiedlung Riusavia hervorgegangen sein, deren Kastell (1. Jh. n. Chr.) zum

Donau-Limes gehörte. Im Sockel der frühklassizistischen Kirche *St. Pankratius und Dorothea* (1787) sind Quadern mit römischen Skulpturen zu sehen. In der Friedhofskapelle *St. Leonhard* steht ein Flügelaltar (1483) von Jakob Acker. Das vorwiegend klassizistische *Schloß* (1782) der Freiherren Schenk von Stauffenberg (diese wurden im 17. Jh. Ortsherren) liegt in einem Park.

Man kann von Oberdischingen oder von Rißtissen aus direkt weiterfahren nach

Ehingen (511 m; 22000 Einw.), 25 km. Die nahe der Mündung der *Schmiech* in die Donau gelegene Stadt wurde im 13. Jahrhundert in der Nähe einer Ansiedlung gegründet, die in alemannische Zeit (4. Jh. n. Chr.) zurückreichte. Im 15. und 16. Jahrhundert erlangte sie ihre größte Blüte (sie bekam Privilegien, die ihr fast den Rang einer Reichsstadt verliehen). Vom 16. bis 18. Jahrhundert war sie zeitweilig Tagungsort der schwäbisch-österreichischen Landstände. Außerdem war sie der Sitz des Kantons Donau der Reichsritterschaft. 1688 und 1749 reichte die Stadt verheerende Brände. 1806 wurde sie Württemberg zugeteilt und war dann Hauptstadt des Kreises Ehingen, der 1971 ein Teil des Alb-Donau-Kreises geworden ist.

An die Geschichte der Stadt erinnern das frühere *Ritterhaus* des Donaukantons (17. und 18. Jh.; dient auch nach der Kreisreform weiterhin als Landratsamt), das *Ständehaus* (1749; jetzt Amtsgericht; Ständesaal mit guten Stuckdekorationen) und das *Museum zur Stadtgeschichte* im ehemaligen Heilig-Geist-Spital (Am Viehmarkt).

Unter den Kirchen ist die *Konviktskirche* (1712–1719) die bedeutendste. Die barocke Kirche (der Baumeister ist unbekannt) ist ihrem Grundriß nach (griechisches Kreuz mit flacher Zentralkuppel und ausgefüllten Ecken) eine der unschwäbischsten des Landes. Von der alten Ausstattung ist, da die Kirche lange Zeit als Speicher gedient hat, fast nichts mehr erhalten.

Die auf einem Felsvorsprung erbaute ursprünglich spätgotische, im 18. Jahrhundert aber gründlich umgebaute *Stadtpfarrkirche* besitzt einige gute Bildhauerarbeiten und Malereien aus dem 16. bis 18. Jahrhundert. In der *Liebfrauenkirche* (frühere Franziskanerkirche; 1723–1725)

steht auf dem barocken Hochaltar eine schöne steinerne Marienstatue (Gnadenbild), die um 1450 geschaffen worden sein dürfte (sie wird stilistisch mit Hans Multscher in Verbindung gebracht, dem von etwa 1430 bis 1460 führenden Bildhauer Schwabens und Meister des „Schmerzensmann" am Ulmer Münster).

🚌 Immendingen, Ulm.

🚌 Lindau, Riedlingen, Ulm.

🏠 „Linde"; „Pfauen"; „Ochsen"; „Adler". – 🏊 Frei- und Hallenbad.

Ab Ehingen fährt man statt auf der B 311 auf einer entlang der Donau verlaufenden Landstraße nach

Obermarchtal

Munderkingen (516 m; 4800 Einw.), 36 km. Die kleine, auf drei Seiten von der Donau umflossene Stadt hat sich ihr altes malerisches Bild zu einem großen Teil erhalten. Sie wurde 792 erstmals erwähnt. Obwohl sie nur eine Landstadt war, verstand sie es, sich so große Freiheiten zu erwerben, daß sie sich fast mit einer Freien Reichsstadt vergleichen konnte. 1805 fiel die Stadt an Württemberg.

Die spätgotische *Pfarrkirche St. Dionysius* wurde im 18. Jahrhundert barock umgestaltet. Von etwa 1740 ist das ausgezeichnete Chorgestühl. Einen imponierenden Eindruck macht der hoch über der Donau gelegene *Pfarrhof* (1706/07), der vom Kloster Obermarchtal erbaut worden ist. Schön gelegen ist die *Wallfahrtskirche* auf dem *Frauenberg*. Ihre Ausmalung und Einrichtung gehen in die Erbauungszeit (1722) zurück. Der *Marienbrunnen* ist von 1570 (Figur 19. Jh.). Auch der *Stadtbrunnen* (16. Jh.) und das *Rathaus* (1563) sind beachtenswert.

🚌 Immendingen, Ulm.

🚌 Ehingen, Riedlingen, Biberach.

🏠 „Rose"; „Café Knebel", „Rößle".

In *Untermarchtal* trifft die Landstraße wieder auf die B 311, der man bis

Obermarchtal (539 m; 1200 Einw.), 43 km, folgt. Seinen Ruhm verdankt der Ort dem *Prämonstratenserstift,* das 1171 an der Stelle eines im 8. Jahrhundert gegründeten Benediktinerklosters errichtet wurde. Die heutigen Gebäude stammen aus dem 17. und 18. Jahrhundert. Beachtenswert ist vor allem das ehemalige Refektorium. An der prachtvollen **Klosterkirche* (1686–1701) arbeiteten die Brüder Michael und Christian Thumb sowie ihr Vetter Franz Beer, die alle der für die Barockarchitektur Oberschwabens so wichtigen Vorarlberger Schule angehörten und mit dieser Kirche ein Meisterwerk des sogenannten Vorarlberger Schemas schufen. Die Stuckarbeiten wurden von dem Wessobrunner Johann Schmuzer ausgeführt. Das Hochaltargemälde ist von dem Memminger Johann Heß, das Chorgestühl von dem Klosterbruder Paul Speisegger.

🚌 Ehingen, Riedlingen, Biberach.

🏠 „Marchtaler Hof".

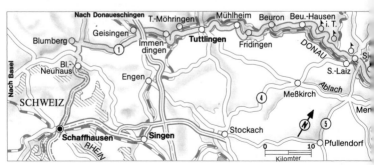

Der direkte Weg nach *Riedlingen* ist die B 311 (12,5 km). Schöner ist der Umweg (9 km) ab *Obermarchtal-Datthausen* über den Erholungs- und Wallfahrtsort

Zwiefalten (540–760 m; 2400 Einw.). Dort steht die nach Plänen von Johann Michael Fischer erbaute ehemalige ****Klosterkirche** (Münster; 1741–1765), die ein Meisterwerk des deutschen Barocks ist. Ihre Innenausstattung gehört zu den vollendetsten Schöpfungen des Rokokos. Stuck (u. a. viele exotische Pflanzen) und Fresko greifen ineinander.Die für die Innenausstattung wichtigsten Künstler waren J. M. Feichtmayr (Stukkaturen), J. Christian (Bildhauerarbeiten), F. J. Spiegler, F. Sigrist und A. Meinrad von Au (Deckenmalerei). Aus dem Mittelalter (15. Jh.) stammt noch das Gnadenbild der Muttergottes auf dem Hochaltar. – Chor- und Orgelkonzerte.
⌂„Hirsch", „Post".

Riedlingen (540 m; 8500 Einw.) besitzt eine großenteils noch altertümliche und malerische Altstadt, die links der Donau liegt. Unter ihren vielen alten Fachwerkhäusern sind vor allem bemerkenswert das *Rathaus* (Mitte 15. Jh.) mit Staffelgiebel und Storchennest und die sogenannte *Alte Kaserne* (Kornhaus von 1686). Reste der mittelalterlichen Stadtbefestigung sind am *Hirschgraben* zu sehen. In der katholischen Kirche *St. Georg* (14. Jh.) sind gotische Wandmalereien (nördliches Seitenschiff) erhalten; moderne Glasmalereien im Chor. Das *Alte Spital* birgt ein *Museum* mit heimatgeschichtlichen und volkskundlichen Sammlungen.

🚣 Immendingen, Ulm.

🚌 Sigmaringen, Saulgau, Biberach, Ravensburg, Urach u. a.

⌂ „Mohren"; „Brücke".

Ausflüge:

1. *Bussen.* Dieser 9,5 km östlich von Riedlingen gelegene Bergkegel (767 m) war schon gegen Ende der Bronzezeit besiedelt und trägt neben spärlichen Ruinen einer mittelalterlichen Burg seit 1516 eine *Wallfahrtskirche* (erneuert 1781), in der sich als Gnadenbild ein Vesperbild aus dem Jahr 1580 befindet.

2. *Heiligkreuztal* (7 km; für Wanderer und Autofahrer gleichermaßen geeignet). Die Kirche des 1227 angelegten ehemaligen *Zisterzienserinnenklosters Heiligkreuztal* entstand im 13. Jahrhundert, wurde aber mehrfach erweitert und umgebaut. Ihre Glasmalereien stammen aus dem 14. Jahrhundert. Die Wandgemälde im Chor schuf der „Meister von Meßkirch" um 1530.

3. *Heunenburg* bei *Zwiefalten-Upflamör.* Die Wanderung (gut 10 km je Weg) führt über *Riedlingen-Grüningen* und durch den *Tautschbuch* sowie über den *Reifersberg* (766 m). Von der Burganlage (8. Jh.) sind noch Wall und Graben zu sehen.

Von Riedlingen aus erreicht man auf der B 311 über *Herbertingen* die Abzweigung (rechts) der über *Herbertingen-Hundersingen* zur *Heuneburg* (Abstecher von etwa 5 km je Weg) führenden Straße. Die Heuneburg (nicht zu verwechseln mit der oben erwähnten Heunenburg) ist ein keltischer Fürstensitz aus dem 6. Jahrhundert v. Chr. Dank Ausgrabungen ist die mächtige Anlage gut zu erkennen. In der Umgebung befinden sich zahlreiche Grabhügel, darunter der 13,5 m hohe *Hohmichele.*

Durch das altwasserreiche *Weitried* kommt man nach

Mengen (580–610 m; 8700 Einw.), 72 km. Es entstand in der Nähe einer römischen Ansiedlung, die an der Römerstraße von Eschenz nach Regensburg lag, und

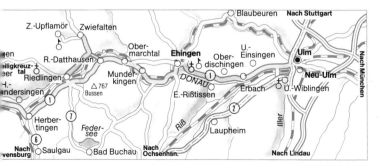

wurde 1276 Stadt. Schöne Fachwerkhäuser (16.–18. Jh.), darunter die *Alte Post* (Heimatmuseum mit städtischen Sammlungen), prägen das Ortsbild. Die *Liebfrauenkirche* ist ein ursprünglich gotischer, aber später barockisierter Bau. Die ehemaligen, die Altstadt umschließenden Wallanlagen bilden jetzt eine reizvolle Promenade.

🚆 Immendingen, Ulm u. a.

🚌 Aulendorf, Ehingen, Ravensburg, Saulgau, Sigmaringen, Tuttlingen.

⌂ „Roter Ochsen", „Baier", „Rebstock".

⌇ Frei- u. Hallenbad (Sauna, Solarium).

Ab Mengen fährt man auf der B 32 weiter über *Scheer,* 77 km, dessen alter Kern (*Schloß* aus dem 15. Jh. und Pfarrkirche *St. Nikolaus* aus dem 14. und 18. Jh.) auf einem von der Donau fast ganz umflossenen Bergsporn liegt.

Sigmaringen (570–794 m; 15 000 Einw.), 86 km, ist die Hauptstadt des gleichnamigen Kreises, dessen Kern das ehemalige Fürstentum Hohenzollern-Sigmaringen bildet und geht auf den Burgflecken zurück, der bei der im 10. Jh. errichteten Burg entstand. Diese Burg ist nach und nach zum heutigen **Schloß* ausgebaut worden (zuletzt nach 1893). Im Schloß ist das *Fürstlich Hohenzollernsche Museum* eingerichtet (montags bis sonntags 8.30–12 und 13–17 Uhr; u. a. vor- und frühgeschichtliche Sammlungen: mittelalterliche Kunst; Waffensammlung).

Dem Schloß benachbart ist die katholische Stadtpfarrkirche *St. Johann* (1757–1763; von der Innenausstattung ist die um 1500 geschaffene *Fidelistür* bemerkenswert, die an den 1746 heiliggesprochenen Stadt- und Landespatron Fidelis erinnert. Es gibt außerdem eine architektonisch beachtenswerte *Fideliskirche* (1965) mit Glasmalereien des auf Seite 37 erwähnten Albert Burkart.

Die im Stadtteil *Hedingen* stehende ehemalige *Franziskanerklosterkirche* (17. Jh.) erhielt 1889 einen kuppelgekrönten Chor (Hohenzllerngruft).

🚆 Immendingen, Ulm u. a.

🚌 Meersburg, Mengen, Radolfzell, Ravensburg, Saulgau, Tuttlingen u. a.

🏨 „Fürstenhof", Zeppelinstr. 12; „Jägerhof", Wentelstr. 4.

⌂ „Bären", Burgstr. 2.

⚠ Hohenzollernstr. 31 (ganzjährig).

⚠. – ⌇ Freibad.

Wildenstein

Man folgt, *Sigmaringen-Laiz* links liegendlassend, der durch das enge Durchbruchstal der Donau führenden Straße (linkes Donauufer). Auf vielen der steil aufragenden Felsen stehen Burgen oder Burgruinen, so über der Sommerfrische *Beuron-Hausen* das *Schloß Werenwag* (vorwiegend 17. und 18. Jh.) und weiter südwestlich die zur Gemeinde *Leibertingen* gehörende *Burg Wildenstein* (vorwiegend aus dem 16. Jh.), die heute als Jugendherberge (ganzjährig geöffnet) dient. Unterhalb dieser trutzigen Burg steht in einer Donauschleife die *Mauruskapelle,* ein Werk der Beuroner Kunst.

Beuron (580–850 m; 900 Einw.), 115 km, ist bekannter Wallfahrts- und beliebter Erholungsort, dessen Umgebung schon in der Steinzeit bewohnt war. Das im 11. Jahrhundert gegründete *Augustiner-Chorherrenstift* wurde 1687 zur Abtei erhoben. Die barocken Klosterbauten (1694–1705) errichteten Franz Beer aus Bezau und Georg Johannes Brix aus Meßkirch. Die Fresken der *Barockkirche* (1732–1738) schuf Ignaz Weegschaider aus Riedlingen.

Das seit der Säkularisation (1803) leerstehende Kloster wurde 1863 deutschen Benediktinern übergeben und ist seit 1884 Erzabtei. Der Bildhauer, Architekt und Maler Pater Desiderius Lenz (1832–1928) gründete hier eine Schule benediktinischer Kirchenkunst (Beuroner Kunst).

🚆 Immendingen, Ulm.

🚌 Sigmaringen, Tuttlingen.

⌂ „Pelikan", Beuron; „Steinhaus", Beuron-Hausen; „Hammer" und „Berghaus Alber", Beuron-Thiergarten.

⚠ „Wagenburg", Hausen imTal

Fridingen an der Donau (634–800 m; 2950 Einw.), 123 km, liegt in einer großen Donauschleife. Südöstlich des Ortes befindet sich eine der Stellen, an denen die Donau versickert (das versickerte Wasser gelangt von dort aus in den *Aachtopf*, s. S. 6). In dem altertümlichen Ort selbst steht an der Donaubrücke die *Annakapelle* (gotischer Chor mit Wandmalereien; barockes Schiff). *Heimatmuseum* im Ifflinger Schloß; Naturschutzgebiete.

🚂 Immendingen, Ulm.

🚌 Sigmaringen, Tuttlingen.

🍴 „Sonne"; „Feuerhake"; „Landhaus Donautal". – 🏊 Freibad (beh.).

Mühlheim an der Donau (660–800 m; 3200 Einw.), 129 km, ist ein malerisches Städtchen. Die älteste Ansiedlung, die heutige Altstadt, liegt am linken Donauufer. Dort steht auf dem Friedhof die ehemalige Pfarrkirche *St. Gallus*, ein romanischer Bau aus dem 12. Jh. Ihre Mauern bestehen aus miteinander abwechselnden hellen Kalkstein- und dunklen Tuffsteinschichten. Die Malereien des Chors stammen aus dem 15. Jh., während die übrige Innenausstattung vorwiegend dem Barock und Rokoko angehört, die Kreuzigungsdarstellung im Langhaus aber noch gotisch ist.

An der Spitze des Bergsporns, auf dem der jüngere Teil des Ortes liegt, steht, einbezogen in den zum Teil erhaltenen und vielfach von Wohnhäusern überbauten Mauerring, das ansehnliche, 1751–1753 umgebaute *Schloß* der Freiherren von Enzberg (keine Innenbesichtigung). Das *Obertor* der Stadtmauer wird von einem gotischen Buckelquaderturm überragt. Von den übrigen Bauten sind das gotische *Rathaus* (Fachwerkbau des 15. Jh.; im 18. Jh. erneuert) und die klassizistische Pfarrkirche *St. Maria Magdalena* (1794 bis 1796) beachtenswert.

🚂 Immendingen, Ulm.

🚌 Sigmaringen, Tuttlingen.

🍴 „Zum Rößle"; „Zum Hirsch".

🏊 Hallenbad.

Tuttlingen (645 m; 32 000 Einw.), 137 km, die Hauptstadt des gleichnamigen Kreises, liegt in einem Teil des Donautals, der seit der Bronzezeit ununterbrochen besiedelt war (Funde im Heimatmuseum, siehe rechts). Die im 13. Jahrhundert gegründete Stadt wurde nach ihrem Übergang an Württemberg (1377) zum wichtigsten und daher von Kriegen immer wieder betroffenen Stützpunkt der „Oberen Lande"

Württembergs. 1803 brannte die Stadt fast völlig nieder. Dem Wiederaufbau wurde ein schachbrettartiger Plan zugrunde gelegt. Außerdem nutzte man die günstige Gelegenheit, die Donau, deren Hochwasser die Stadt immer wieder mehr oder weniger schwer getroffen hatte, zu verlegen und zusätzlich die ganze Stadt höher zu legen. Die Wehranlagen, die ohnehin modernen Erfordernissen schon nicht mehr entsprochen hatten, wurden nun völlig überflüssig.

Das einzige geschichtliche Bauwerk ist die Ruine *Honberg*. Die festungsartige Burg wurde in der zweiten Hälfte des 15. Jahrhunderts erbaut und 1645 zerstört. Erinnerungen hieran und an andere Perioden der Stadtgeschichte finden sich in den Sammlungen des *Heimatmuseums* (Donaustr. 50; geöffnet mittwochs und sonntags von 14–17 Uhr).

🚂 Immendingen, Tuttlingen u. a.

🚌 Blumberg, Bodman-Ludwigshafen, Meßkirch, Ravensburg, Sigmaringen.

🏨 „Stadt Tuttlingen", Donaustr. 30; „Rosengarten", Königstr. 17; „Schlack", Bahnhofstr. 53; „Alter Römer", Bahnhofstr. 39.

🏕 Katharinenstraße 2 (geöffnet 1. April bis 31. Oktober). – 🏊.

Für die Weiterfahrt nach *Schaffhausen* benutzt man die B 311, die über den Luftkurort *Tuttlingen-Möhringen* (4000 Einw.), 143 km (ehemaliges *Schloß* der Fürsten von Fürstenberg von 1699, heute Rathaus), und an den wichtigsten Stellen der Donauversickerung vorbei nach *Immendingen*, 148 km, führt, dessen barocke Pfarrkirche aus dem Jahr 1778 besuchenswert ist.

4 km westlich von *Immendingen* verläßt man die B 311 und biegt nach links in

Tuttlingen: Ruine Honberg

die nach *Kirchen-Hausen* und dann durch das Tal der *Aitrach* nach *Blumberg* weiterführende Landstraße ein. Die Straße mündet kurz vor Blumberg in die von *Donaueschingen* kommende und nach *Schaffhausen* weitergehende B 27. Bei *Zollhaus-Blumberg* (169 km von Ulm) verläßt man die B 27 zu einem Abstecher nach

> **Blumberg** (702 m; 10 000 Einw.), 170 km. Hier bietet die *Museumsbahn Wutachtal* eine echte Touristenattraktion. Die „Sauschwänzlebahn" erschließt über Viadukte und durch den einzigen Kreiskehrtunnel Deutschlands das romantische Wutachtal. Auskünfte erteilt das Städtische Verkehrsamt, Tel. 0 77 02/51 27.

⌂ „Kranz"; „Hirschen".

Nach *Zollhaus-Blumberg* steigt die B 27 zum *Randen* hinauf (*Hoher Randen* 924 m), der die Schwäbische Alb mit dem Schweizer Jura verbindet. Nahe dem Blumberger Ortsteil *Randen* vereinigt sich die von *Waldhut* kommende B 314 mit der B 27, verläßt diese aber bereits nach 1 km wieder, um nach *Singen* weiterzuführen. Bei *Neuhaus* überschreitet die B 27 die Grenze.

Mit starkem Gefälle senkt sich die Straße nun ins Tal der *Durach* hinab.

*Schaffhausen (407 m; 33 500 Einw.), 192 km. Die Stadt war im Mittelalter eng mit Schwaben verbunden. Der schwäbische Graf Eberhard III. von Nellenburg im Hegau (siehe Seite 48) stiftete 1049 das *Kloster Allerheiligen* (heute eines der bedeutendsten **Heimatmuseen* der Schweiz, wegen seiner vorgeschichtlichen Sammlungen aber auch für die Vorgeschichte des deutschen Bodenseeraumes sehr wichtig). 1192 wurde Schaffhausen Reichsstadt und stand seitdem in enger wirtschaftlicher und politischer Beziehung zu den Bodenseestädten. Der Zusammenbruch der Herrschaft Herzog Friedrichs von Österreich brachte der Stadt 1415 eine weitgehende Unabhängigkeit vom Reich (dort Reichsfreiheit genannt). Zum Schutz gegen die Rückeroberungsversuche Österreichs näherte sich die Stadt der Eidgenossenschaft, in deren Bund sie 1501 als gleichberechtigter Ort eintrat. In Schaffhausen wurde dieser Schritt als endgültige Loslösung vom Reich empfunden, obwohl erst der Westfälische Friede (1648) die Unabhängigkeit der Eidgenossenschaft im Friedensvertrag festlegte.

Die Reformation wurde in Schaffhausen mit Unterstützung der Städte Basel, Bern und Zürich 1529 durchgeführt. Zur Wahrung ihrer religiösen Freiheit inmitten einer katholischen und vorwiegend von Österreich beherrschten Umgebung erbauten die Bürger Schaffhausens 1564-85 die Festung Munot, die heute das Wahrzeichen der Stadt ist.

Festung Munot

Unter den Sehenwürdigkeiten ist die auffallendste eben der **Munot,* eine runde, turmbewehrte Festungsanlage, die durch Laufgänge mit der Stadt verbunden ist.

Die romanische *Münsterkirche* (11. Jh., 1950–58 wiederhergestellt) ist die Kirche des ehemaligen *Klosters Allerheiligen,* dessen Kreuzgang und Kapitelsaal besondere Beachtung verdienen. Von den vielen schönen *Zunft- und Patrizierhäusern* sei das Haus „Zum Ritter" mit den Nachbildungen der Fresken von Stimmer genannt.

Unterhalb von *Neuhausen,* einem Industrievorort, stürzt der ***Rheinfall von Schaffhausen* auf einer Breite von 150 m über harte Kalkriffe 23 m in die Tiefe.

🚆 Basel–Konstanz; Stuttgart–Zürich.

🚢 Konstanz, Kreuzlingen, Insel Reichenau, Stein am Rhein.

🏨 „Bahnhof", Bahnhofstr. 46.

🏨 „Kronenhof", Kirchhofplatz 7; „Bellevue über dem Rheinfall"; „Hirschen", Schloßstr. 20.

⌂ Randenstr. 65 (geöffnet 1. März bis 31. Oktober); Schloß Laufen am Rheinfall (geöffnet 1.3.–31.12.).

⛺ „Langwiesen".–⛴

40

Routenplan siehe Seite 42

Man fährt von *Ulm aus nach *Ulm-Wib-lingen* (s. S. 22) und geht westlich dieses Stadtteils auf die B 30 über, die südlich von *Ulm-Donaustetten* das *Donautal* verläßt und sich dann bis kurz vor *Biberach* am Ostrand der weiten *Rißniederung* hält, die besonders im Süden von großen Rieden eingenommen wird. Zwischen Biberach und *Ravensburg* führt die Straße durch die *Moränenhügel der Riß- und Würmeiszeit* hindurch. Südlich von Ravensburg zieht sie sich durch das zum Bodensee hin immer breiter werdende *Schussenbecken* nach *Friedrichshafen.*

Die Bahnstrecke Ulm–Friedrichshafen nimmt etwa den gleichen Verlauf wie die B 30.

Erbach-Dellmensingen, 14 km, gut 1 km westlich der B 30 gelegen, besitzt eine sehenswerte barocke Pfarrkirche (1712). *Oberholzheim,* 17 km, Ortsteil Achstetten, ist eine Station der Schwäbischen Dichterstraße (s. S. 16). Das dortige Pfarrhaus ist das *Geburtshaus des Dichters Chr. M. Wieland* (1733–1813).

Laupheim (515 m; 15 600 Einw.), 24 km, ist eine schöne Gartenstadt. In karolingisch-ottonischer Zeit war der Ort Mittelpunkt des Rammagaues, 1434 erhielt er Marktrecht, 1869 Stadtrecht.

Auf dem *Kirchberg,* neben der barockisierten Stadtpfarrkirche *St. Peter und Paul,* steht das wuchtige *Schloß Groß-Laupheim* (16.–18. Jh; auch „Lehenburg" genannt). Im angebauten Kleinen Schlößle sind ein *Heimat-* und ein *Astronomie-Museum.* Die Volkssternwarte betreibt ein *Planetarium.* In dem links vom *Rottum* gelegenen Ortsteil entstand 1769 das palaisartige *Schloß Klein-Laupheim* (jetzt Amtsgericht). Die Parks und Anlagen, vor allem *Schloßpark* und *Höhenanlage,* haben hübsche Spazierwege.

🚆 Ulm, Friedrichshafen.

🚌 Biberach, Ehingen, Ulm, Wain.

🛏 „Zur Krone", Markplatz 15; „Zum Wyse", Kapellenstraße 10.

Von *Baltringen,* 31 km, einem Teil der neuen Gemeinde *Mietingen,* ging 1525 der oberschwäbische Bauernaufstand aus (s. S. 14).

In *Maselheim-Äpfingen,* 34 km, zweigt nach links die über *Maselheim-Sulmingen*

zum *Kloster Heggbach* führende Straße (4 km) ab. Der Kreuzgang (1532–1539) des ehemaligen Zisterzienserinnenklosters (im 13. Jh. gegr.) ist beachtenswert.

Die B 30 nähert sich bei *Warthausen* (Station der Schwäbischen Dichterstraße) der von *Ehingen* kommenden B 465, mit der sie durch die nach Warthausen führende Straße L 251 verbunden ist. Über Warthausen steht das *Schloß* (17. Jh.) der Freiherren von Ulm zu Erbach, von 1760 bis 1768 der Musenhof des Grafen Friedrich Stadion (1691–1768); zum Kreis des Musenhofes gehörte der Dichter Chr. M. Wieland. Die Museumsräume des Schlosses sind vom 1.5. bis 1.11. sonntags von 14–18 Uhr zu besichtigen.

Biberach an der Riß (533–613 m; 28 500 Einw.), 42 km, ehemalige Freie Reichsstadt, wurde um 1170 von Kaiser Friedrich I. gegründet und entwickelte sich nur im Zusammenhang mit der Herstellung von Barchent seit Beginn des 15. Jahrhunderts zu einer blühenden Handelsstadt.

Im 17. Jahrhundert begann die Entwicklung Biberachs zur Kunststadt. 1686 erfolgte die Gründung der „Bürgerlichen Komödianten-Gesellschaft". Ihr Leiter wurde 1760 Chr. M. Wieland. An sein Leben und Wirken erinnern der *Wieland-Schauraum* am Marktplatz 17 (Öffnungszeiten: mittwochs 10–12 und 14–18 Uhr, samstags und sonntags 10–12, im Winter auch 14–17 Uhr) und die renovierten *Gartenhäuser* (im Sommer samstags und sonntags 14-17 Uhr) in der Saudengasse 10/1.

Neben dem Theater spielten in Biberach die Goldschmiedekunst (Johann Michael Dinglinger, 1664–1731), die Musik (der Komponist Justin Heinrich Knecht, 1752–1817) und die Malerei (Johann Heinrich Schönfeld, 1609–1682; Johann Baptist Pflug, 1785–1866; Anton Braith, 1836–1905; Christian Mali, 1832–1906) eine Rolle.

Im *Alten Spital* (1518–1519; Museumstraße 2) befinden sich die *Städtischen Sammlungen/Braith-Mali-Museum* (geöffnet dienstags bis sonntags 10–12 und 14–17 Uhr; auf Wunsch Führungen) mit heimatkundlicher Abteilung, naturwissenschaftlicher Sammlung, Gemäldegalerie und dem Original-Atelier der Tier-und Landschaftsmaler A. Braith (s. S. 41) und Christian Mali.

Ochsenhausen: Orgel

Der weiträumige *Marktplatz* mit seinen stattlichen Giebelhäusern erinnert eindrucksvoll an die große Zeit der Freien Reichsstadt. Das *Alte Rathaus* wurde 1432, das *Neue Rathaus* 1503 erbaut.

Von den Befestigungen stehen noch Teile der Stadtmauer, der *Weiße Turm* (1480), der *Gigelturm* (1373; in der Nähe neue *Stadthalle* als Kulturzentrum) und das *Ulmer Tor* (1410).

In der spätgotischen, im Innern barockisierten *Stadtpfarrkiche* verdienen die Malereien, der Hochaltar, das Chorgitter und die Kanzel Beachtung.

🚂 Friedrichshafen, Ulm.

🚌 Bad Buchau, Bad Wurzach, Lauheim, Memmingen, Ochsenhausen, Riedlingen, Schwendi.

🏨 „Eberbacher Hof"; „Berliner Hof".

⚠ Heusteige 40 (ganzjährig). –⛵

Veranstaltungen: „Biberacher Schützenfest", historisches „Kinder- und Heimatfest"; „Biberacher Märchenspiele".

Ausflüge:

Von Biberach aus lohnt sich ein Ausflug nach *Ochsenhausen* (6600 Einw.; 16 km je Weg), das seinen Ruhm dem um 1100 gegründeten *Benediktinerkloster* verdankt. Das Kloster wurde 1391 selbständige Abtei und erlangte 1397 die Reichsunmittelbarkeit. In der zweiten Hälfte des 18. Jahrhunderts war die Abtei ein

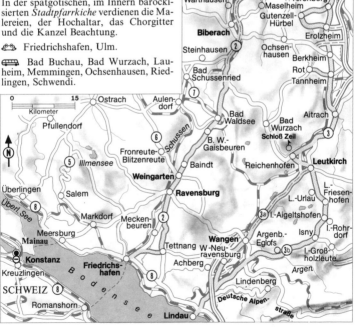

Zentrum der Wissenschaft und Kunst. 1803 wurde sie aufgehoben.

In der spätgotischen, zum Teil barockisierten *Kirche* ist die von Josef Gabler 1728 bis 1736 gebaute mächtige Barockorgel beachtenswert. In den Klostergebäuden (16.–18. Jh) befindet sich heute die Landesakademie für die musizierende Jugend des Landes Baden-Württemberg. Wegen einer Besichtigung (Treppenhäuser, Refektorium, Bibliothekssaal, Kreuzgang, Prälatur) wendet man sich an die Direktion (Tel. 0 73 52–7 77). – Auch *Kloster Schussenried* und die *Wallfahrtskirche Steinhausen* sind nahe.

14 km nordwestl. von Biberach liegt als Station der Schwäbischen Dichterstraße *Oberstadion*. Im dortigen Pfarrhaus wirkte (1816–1827) der erfolgreiche Kinderbuchautor Christoph von Schmid.

Bad Waldsee (600 m; 15 000 Einw.), 65 km, erreicht man auf der B 30. Es wurde 1298 Stadt und gehörte bis 1806 zu Vorderösterreich. Von 1807 bis 1938 war es württembergische Oberamtsstadt. Seit 1950 ist es Moorbad, seit 1956 als Moorheilbad, seit 1974 als Kneippkurort staatlich anerkannt, mit modernen Kureinrichtungen der Moor- und Kneipptherapie, Kurheimen und Sanatorien.

Die *Altstadt* liegt zwischen dem *Stadtsee* und dem *Schloßsee*. An der Hauptstraße, die sich zum Markt verbreitert, steht das *Rathaus* (1426) mit frühbarocker Giebelbekrönung. Im ihm gegenüber stehenden *Kornhaus* (15. Jh) befindet sich das *Heimatmuseum* (April bis Oktober sonntags 9.30–11.30 Uhr). In der *Stadtpfarrkirche* verdienen der Hochaltar und die Bildnisplatte des Georg Truchseß von Waldburg Beachtung (gestorben 1467).

Das westlich der Kirche stehende *Schloß* der Fürsten von Waldburg-Wolfegg ist eine Wasserburg (16. und 18. Jh). Von der Stadtbefestigung steht noch das *Wurzacher Tor* (um 1500).

Bad Waldsee liegt etwa in der Mitte des baden-württembergischen Abschnitts der *Schwäbischen Bäderstraße*, die vom Moorheilbad Buchau über das Moorheilbad Schussenried, den Kneipp-Kurort Aulendorf und Bad Waldsee zum Moorheilbad Wurzach führt.

⚏ Herbertingen, Kißlegg.

🚌 Aulendorf, Bad Wurzach, Isny, Leutkirch, Riedlingen u. a.

🏠 „Post"; „Kreuz"; „Zum Ritter". – ⌂ beh. Freibad, Thermal- und Bewegungsbad ‚18-Loch-Golfplatz.

Die Kapelle *St. Leonhard* in *Bad Waldsee-Gaisbeuren*, 72 km, ist eine der wenigen romanischen Kirchen Oberschwabens (12. Jh).

In *Baindt*, 77 km, ist die romanisch-gotische Kirche (älteste Teile von 1241) des ehemaligen Zisterzienserklosters erhalten. In ihr sind ein Deckengemälde (um 1763) von F. M. Kuen aus Weißenhorn, ein Rokoko-Hochaltar (1764) von Johann Georg Dirr und ein ausgezeichnetes gotisches Kruzifix (erste Hälfte des 14. Jh.) zu sehen.

Über *Weingarten* (s. S. 30), 81 km, fährt man nach *Ravensburg* (s. S. 29), 85 km, und von dort auf der B 467 über *Ravensburg-Eschach* nach

Tettnang (466 m; 15 000 Einw.), 98 km, das seit dem 13. Jahrhundert die Residenz der Grafen von Montfort war. Diese mußten ihren Besitz 1780 wegen Verschuldung an Österreich abtreten. 1805 kam der Ort zu Bayern, 1810 zu Württemberg.

Ehemalige gräfliche Wohnsitze (oder Teile davon) sind das *Torschloß*, das *Alte Schloß* (1667; 1904 umgestaltet; heute Rathaus) und das *Neue Schloß*.

Im Torschloß befindet sich das *Montfort-Museum* mit Sammlungen zur Geschichte der Stadt und des gräflichen Hauses (mittwochs und samstags 14–16 Uhr, sonntags 10–12 Uhr).

Das Neue Schloß wurde 1712 bis 1720 erbaut und erhielt nach dem Brand von 1753 seine heutige Gestalt. An der Ausstattung des mächtigen, die Prachtliebe der Grafen kennzeichnenden Baues waren vor allem die Stukkatoren Josef Anton Feichtmayr und Andreas Moosbrugger sowie der Maler Franz Martin Kuen beteiligt. Das von April bis Oktober geöffnete *Schloßmuseum* (Führungen tgl. 10.30, 14.30 und 16 Uhr) ist Zweigstelle des Württ. Landesmuseums in Stuttgart.

Geradezu berühmt sind die Tettnanger Spargelspezialitäten.

❶ Verkehrsverein, Rathaus.

🚌 Friedrichshafen, Kreßbronn, Ravensburg, Wangen im Allgäu u. a.

🏠 „Rad", Lindauer Str. 2 (gutes Restaurant). – ⌂ „Ritter", Karlstraße 2; „Rosengarten", Ravensburger Str. 1. – ⌂ „Bären". – ⚐ Badhütten. –⚓

Über *Tettnang-Pfingstweid* fährt man zur B 30 und auf dieser nach

Friedrichshafen, 110 km, siehe Seite 59.

43

Route 3: *Ulm – *Wangen/Isny – **Lindau (115 bzw. 125 km)

Routenplan siehe Seite 42

Die Hauptstraße von *Ulm* nach *Lindau* ist die rechts der *Iller* verlaufende B 19, ab *Memmingen* die bei *Aitrach* die Iller überquerende B 18 (vgl. Polyglott-Reiseführer „Allgäu/Bayerisch-Schwaben"). Man sollte aber statt der B 19 die zum großen Teil landschaftlich schönere Landstraße links der Iller benutzen, die bei Aitrach auf die B 18 trifft. Die B 18 führt durch das seenreiche Endmoränengebiet des schwäbischen Allgäus.

Mit diesen Straßen laufen annähernd parallel die Eisenbahnlinien Ulm–Memmingen (rechts der Iller), Memmingen–Hergatz und Hergatz–Lindau.

Man fährt von *Ulm* aus über *Neu-Ulm* und *Ulm-Wiblingen* und kommt dann auf der *Unterkirchberger Straße* nach *Illerkirchberg-Unterkirchberg*, 8 km, einem hübsch über der *Weihung* gelegenen Ort. Zu *Illerkirchberg-Oberkirchberg*, 11 km, gehört das 1767 erbaute *Schloß* der Grafen von Fugger-Kirchberg.

Ein Teil von *Dietenheim-Regglisweiler* ist *Bad Brandenburg*, 22 km, früher ein kleines Heilbad, dessen Name auf die im 15. Jahrhundert von den Ulmern zerstörte Feste Brandenburg (es sind kaum noch Reste von ihr zu sehen) zurückgeht. Das einstige *Schloß* des Grafen Fugger-Brandenburg ist heute Kloster und Altersheim und kann besichtigt werden (vom Schloß herrlicher Ausblick). Gegenüber dem Schloß steht das ❒ „Kurhotel".

In dem um Regglisweiler vergrößerten *Dietenheim* (5200 Einw.; ⚐), 25 km, sind die Pfarrkirche (1588) mit dem reichverzierten Turm und das Rathaus, das im Bürgermeisterzimmer Wappenscheiben (16. Jh.) besitzt, sehenswert.

3 km südlich von Dietenheim zweigt nach rechts die Straße nach *Wain* (4 km) ab, dessen klassizistisches, sommerhausartiges Schloß 1780 erbaut ist. 4 km südwestlich von Wain liegt

Schwendi (539 m; 5300 Einw.). Von dort stammte der Feldhauptmann und Diplomat Lazarus von Schwendi (1522–1583), der den Tokaier im Gebiet des Kaiserstuhls einführte. Das heutige *Schloß* ist ein schlichter Herrensitz von 1852. Grabmäler der von Schwendi befinden sich in der Pfarrkirche *St. Stephan* (16. Jh.; später barockisiert). In der *Annakapelle* ist

ein spätgotischer Flügelaltar (15. Jh.) zu sehen.

🚂 Biberach, Laupheim Wain.

❒ „Stern", „Zum Deutschen Haus", „Becken".

Man fährt über Wain zur Hauptroute zurück und dann auf dieser in südlicher Richtung nach *Oberbalzheim* (Ortsteil von *Balzheim;* oberes und unteres Schloß, beide 16. Jh.), 31 km, und weiter nach *Kirchberg,* 35 km, von wo man einen Abstecher (7,5 km) macht nach

Gutenzell. Von der ehemaligen Zisterzienserinnenabtei steht vor allem noch die *Kirche* (spätes 14. Jh. und 16. Jh.; 1755–1756 barockisiert; heute Pfarrkirche), deren Innenausstattung (Barock und Rokoko) sehenswert ist.

Man fährt entweder nach Kirchberg zurück oder über *Erolzheim-Edelbeuren* nach *Erolzheim (Frobergkapelle* mit guter Innenausstattung), 5 km südlich von Kirchberg, und dann weiter nach

Berkheim (2100 Einw.), 46 km (ohne Abstecher nach Gutenzell), einem Wallfahrtsort, in dessen Pfarrkirche *St. Konrad* (nach Brand von 1785 fast ganz erneuert; Westturm von 1513) sich die Reliquien des Volksheiligen Willebold, des Schutzpatrons des Illertals, befinden. Das *Pfarrhaus* (1529) wirkt mit seinen Ecktürmen wie ein Schloß.

❒ „Ochsen", „Adler" und „Krone".

Von *Tannheim,* 51 km (es liegt gut 5 km südlich von Berkheim), dessen Pfarrkirche 1702 von dem Vorarlberger Franz Beer erbaut wurde, macht man einen Abstecher (5,5 km je Weg) zum ehemaligen *Prämonstratenserkloster* in

Rot an der Rot (605 m; 3800 Einw.). Das 1126 gegründete Kloster war das erste Prämonstratenserkloster Schwabens. Die *Kirche* (Türme 17. Jh.; im übrigen 18. Jh.) des landschaftlich reizvoll gelegenen Klosters ist ein Werk des ausgehenden Barocks und, vor allem hinsichtlich der Ausstattung, des frühen Klassizismus. Besonders beachtenswert sind das barocke Chorgestühl (1693), die Stukkaturen nach Modell (1774) des F. X. Feichtmayr und die Deckenmalereien von Januarius Zick (1730–1797). Eine stattliche Baugruppe bilden die ehemaligen *Abteigebäude* (1682–1702).

44

Man fährt zurück nach Tannheim, behält im Straßenknotenpunkt *Aitrach,* 58 km, die über *Aichstetten,* 64 km, nach *Leutkirch* führende Straße bei und biegt von dieser in *Leutkirch-Niederhofen,* 70 km, zu einem Abstecher (2,5 km je Weg) ab zum

Schloß Zeil im ehemaligen Reichenhofener Gemeindeteil Schloß Zeil (heute Ortsteil von Leutkirch). Nach Abbruch (16. Jh.) der alten Höhenburg Zeil ließen die Reichserbtruchsessen (später Fürsten) von Waldburg-Zeil 1598 bis 1614 das vierflügelige *Renaissanceschoß* (Vollendung erst 1888) errichten. Das Innere des an Kunstschätzen reichen Schlosses kann nicht besichtigt werden. Dagegen sind die gepflegten Außenanlagen und der Park (von der Gartenterrasse aussprachtvoller Blick auf die Berge des Allgäus) allgemein zugänglich.

ᐁ „Landhotel Seefelder".

Man fährt zurück nach Niederhofen oder macht einen Umweg über *Leutkirch-Reichenhofen* (etwa 3 km südwestlich von Schloß Zeil), das der Geburtsort von Hans Multscher (etwa 1400 bis 1467), des Gründers der bedeutendsten schwäbischen Bildhauerwerkstätte der ersten Hälfte des 15. Jahrhunderts, ist (in der Pfarrkirche eine *Muttergottes* von Multscher).

Leutkirch im Allgäu (655 m; 20 000 Einw.), 73 km (über Zeil und Reichenhofen 83 km), war im frühen Mittelalter kirchlicher Mittelpunkt des Nibelgaus. 1293 wurde es Stadt, im 14. Jahrhundert Freie Reichsstadt, 1802 fiel die Stadt an Bayern, 1810 an Württemberg.

Ein Rest der mittelalterlichen Befestigung ist der *Bockturm* beim Rathaus. Im Bock-

Leutkirch: Rathaus

gebäude befindet sich das *Heimatmuseum* (geöffnet mittwochs 15–18, sonn- und feiertags 10–12 und 14–17 Uhr). Der von Laubengängen umgebene *Marktplatz* vermittelt mit seinem Baubestand ein schönes Bild der alten Reichsstadt. Zu den am Marktplatz stehenden Bauten gehören das *Rathaus* (1739–1741) und das *Kornhaus* (um 1500; 1905 renoviert, Umbau von 1988), das nun die Bibliothek beherbergt.

ᐁ Lindau, Memmingen.

ᐁ Aulendorf, Bad Wurzach, Isny, Lindau, Riedlingen, Wangen i.A. u. a.

ᐁ „Mohren", Wangener Str. 1; „Linde", Lindenstr. 1; „Rad", Obere Vorstadtstr. 5; „Post", Obere Vorstadtstr. 1.

ᐁ „Moorbad Riedle", „Hess". – ᐁ Leutkirch, Herlazhofen.

Man fährt über *Wangen* oder über *Isny* nach **Lindau.

A: ÜBER WANGEN IM ALLGÄU

Man fährt zu der westlich von Leutkirch verlaufenden B 18 und kommt über *Leutkirch-Gebrazhofen* und *Kißlegg-Waltershofen* nach

Wangen im Allgäu (530–709 m; 24 000 Einw.; staatlich anerkannter Luftkurort), 96 km. Der schon kurz nach 800 genannte Ort wurde 1217 Reichsstadt und gelangte Ende des 14. Jahrhunderts durch seine Sensen- und Leinenfabrikation zu großem Wohlstand.

Die Wohlhabenheit reichsstädtischer Zeit spiegelt sich noch in der *Herren-* und *Paradiesstraße* uund in der Anlage des *Marktplatzes* wider. Von der einstigen Wehrhaftigkeit der Stadt zeugen das *Liebfrauentor* (13. Jh., 1608 verändert) und das *Martinstor* (13. Jh., 1608 verändert). Das *Rathaus* ein ist gotischer (15./16. Jh.), 1721–1724 barock erweiterter Bau, in den der *Pfaffenturm* (Ratlochturm) einbezogen ist (beachtenswerter Ratssaal; Trauzimmer im Turm).

In der *Eselmühle* (auch Stadtmühle genannt; Eselberg 1) ist das *Heimatmuseum* eingerichtet, dem ein *Käsereimuseum* angegliedert ist; im Haus Lange Gasse 1 (Eingang über Eselmühle) befindet sich das *Josef-von-Eichendorff- und Gustav-Freytag-Museum* (Besichtigungszeiten erfährt man über Tel. 0 75 22/74-211).

Auf dem alten Friedhof (heute Stadtpark) steht die *Rochuskapelle* (1593; bemalte Holzdecke), in der Gotik und Renaissance eine gefällige Einheit bilden.

3

Wangen: Liebfrauentor

Der Besuch der auf dem *Gehrenberg* gelegenen *St.-Wolfgang-Kapelle* (1613 bis 1617; spätere Veränderungen) läßt sich gut mit einer Wanderung verbinden (insges. 200 km markierte Wege).

❶ Gästeamt, Rathaus.

🚃 Lindau, Memmingen.

🚌 Bad Wurzach, Isny, Kißlegg, Lindau, Ravensburg, Tettnang u. a.

🏨 „Alte Post", Postplatz 2.

⌂ „Zur Sonnenhalde", Wermeisterweg 35.
—🏊 Freibad „Stefanshöhe" mit Riesenrutsche.

Südlich von *Wangen-Neuravensburg,* 104 km, zweigt am *Neuravensburger See* nach rechts die Straße nach *Achberg* (3 km) ab. Die Deutschordens-Landkommende Altshausen (siehe S. 54) erwarb Achberg 1691 und errichtete 1693 bis 1700 an der Stelle einer alten Burg das heute fast ganz von Wohnungen eingenommene *Schloß* (keine Besichtigung).

Lindau, 115 km, siehe Seite 31.

B. ÜBER ISNY

Man verläßt Leutkirch auf der nach Isny führenden Straße und macht ab *Isny-Aigeltshofen,* 86 km, einen Abstecher (rund 1 km je Weg) nach *Isny-Rohrdorf,* dessen Pfarrkirche *St. Remigius* (11. und 15. Jh.) einige gute spätgotische Bildwerke, darunter eines von dem bekannten Bildhauer Hans Multscher (Heiliger Augustinus, um 1450–1460), besitzt.

Von Isny-Aigeltshofen fährt man nach

Isny (704 m; 12 500 Einw.), 91 km. Der Ort geht wohl auf eine Ansiedlung zurück, die vermutlich in der Nähe des rö-

mischen Kastells Vemania (2 km östlich) bestanden hat. Im 12. Jahrhundert begann die Entwicklung zur Stadt, die im Jahre 1365 mit der Erhebung zur Freien Reichsstadt ihren Abschluß fand.

Die Leinwandweberei verhalf der Stadt zu wirtschaftlicher Blüte. Brand (1631) und Plünderung (1632) leiteten den Niedergang ein, der bis in das 19. Jahrhundert hinein anhielt. 1806 kam die Stadt an Württemberg. Heute gehören zur Stadt unter anderen der staatlich anerkannte Erholungsort *Beuren,* der heilklimatische Kurort *Neutrauchburg* und der nicht weit vom *Schwarzen Grat* (1118 m) entfernte Luftkurort *Großholzleute.*

Mit ihrer Stadtmauer und den mittelalterlichen Türmen, besonders dem *Wassertor* (15. Jh.; *Heimatmuseum;* Öffnungszeiten erfährt man über Telefon 0 75 62/7 01 10), dem *Espantorturm* (1467) und dem *Blaserturm* (16. Jh.), hat sich die Stadt ihr altertümliches Bild erhalten. In dieses Bild paßt sich das *Rathaus* ein, das ein ehemaliges frühbarockes Patrizierhaus (17. Jh.) ist.

Im einstigen *Benediktinerkloster* (heute Altersheim) kann das ehemalige *Refektorium* besichtigt werden. Die frühere *Klosterkirche* (heute katholische Pfarrkirche, 1661–1666) besitzt eine gute Innenausstattung (vorwiegend Mitte 18. Jh.). Zur evangelischen *Nikolaikirche* (1288, später verändert) gehört die über der Sakristei gelegene *Prädikantenbibliothek* (Predigerbibliothek), in der sich wertvolle Drucke und Handschriften des 12. bis 18. Jahrhunderts befinden.

❶ Kurverwaltung Isny, Untere Grabenstr. 18, Tel. 0 75 62/01 10.

🚌 Kempten, Leutkirch, Ravensburg, Wangen im Allgäu u. a.

🏨 „Jägerhof", Sommersbach; „Terrassenhotel Isnyland" (im Ortsteil Neutrauchburg).

⌂ „Hohe Linde", Lindauer Str. 75; „Hotel Garni", Am Roßmarkt 8 u. 10; „Kurhotel Adler" (im Ortsteil Großholzleute).

🏕 Dekan-Marquart-Str. 18 (ganzjährig).

🏕 „Beim Waldbad"; „Am Badsee".

🏊 Frei- und Hallenbäder. – Kurhaus.

Von Isny führt die B 12 über den Erholungsort *Argenbühl-Eglofs* (die im 13. Jh. reichsunmittelbaren Bauern von Eglofs besaßen bis zum 19. Jh. besondere Freiheiten) nach

Lindau, 125 km, siehe Seite 31.

Route 4: Sigmaringen – Stockach – Singen (67 bzw. 75 km)

Die B 313 verbindet *Sigmaringen* mit *Stockach,* die *Donau* mit dem *Hegau* und dem *Bodensee.* Die Bahnstrecke Sigmaringen–Radolfszell berührt die wichtigsten Orte an dieser Straße.

Man verläßt *Sigmaringen* über die *Laizer Straße* und erreicht nach 1,5 km *Sigmaringen-Laiz,* über dem sich die ehemalige Franziskanerinnenklosterkirche (heute Pfarrkirche *St. Peter und Paul)* erhebt. In der Kirche (13. Jh., Ausbauten und Veränderungen bis zum 18. Jh.) sind Wandmalereien aus dem 15. und 18. Jahrhundert erhalten.

In *Inzigkofen,* 4 km, ist die ehemalige *Klosterkirche* (1780) wegen ihrer Innenausstattung besuchenswert. Die Klostergebäude schuf 1659 bis 1663 Michael Beer. Auf dem ehemaligen Klosterfriedhof steht die schön stuckierte *Einsiedlerkapelle* (1729–1740).

Meßkirch (604 m; 7000 Einw.), 17 km, wurde um 1250 Stadt und erlebte seine Blütezeit (14. bis 16. Jh.) unter den Grafen von Zimmern.

Die Kirche *St. Martin* (16. Jh., 1771 bis 1773 barockisiert) birgt das wichtigste Werk des „Meisters von Meßkirch", der zu den bedeutendsten schwäbischen Malern der Reformationszeit gehört: die Tafel des Dreikönigsaltars (um 1538). Beachtenswert sind auch die beiden Bronze-Epitaphe für die Grafen von Zimmern aus der Werkstatt des Pankraz Labenwolf (1548) und von Wolfgang Neidhart (1599). Die an die Kirche angebaute *Johann-Nepomuk-Kapelle* (1732–1734) wurde von den berühmten Brüdern Cosmas Damian und Egid Quirin Asam ausgemalt und stuckiert.

Der Kirche benachbart ist das *Schloß,* das 1557 bis 1567 für den Grafen Froben Christoph von Immern (Verfasser der „Zimmernschen Chronik", einer enzyklopädischen Zeitgeschichte, die sich heute in der Hofbibliothek in Donaueschingen befindet) gebaut wurde; Baumeister war Jörg Schwarzenberger, der später den berühmten Rittersaal des Schlosses Heiligenberg (s. S. 50) schuf. Das Schloß ist seit 1961 städtischer Besitz, der Hofgarten mit seinem alten Lindenbestand Stadtpark.

Zwischen Schloß und Rathaus befindet sich das *Heimatmuseum* (Schloßstr.1; zugänglich nach Vereinbarung), dessen Sammlungen sich in erster Linie auf die Stadtgeschichte beziehen.

Eine Ergänzung dieser Sammlungen bilden die Erinnerungsstücke, die in der *Meßkircher Stube,* einem Nebenzimmer des Hotels „Löwen", zusammengetragen sind. Erinnerungsstücke an den aus dem benachbarten Kreenheinstetten stammenden Abraham a Santa Clara (1644–1709; derber, aber gern gehörter und gelesener Kanzelredner und Schriftsteller) und an Persönlichkeiten aus Meßkirch selbst, zum Beispiel Conradin Kreutzer (1780–1849; Komponist; Hauptwerk „Das Nachtlager in Granada"), Conrad Gröber (1872–1948; Erzbischof von Freiburg) und Martin Heidegger (1889–1976; Philosoph).

47

🚃 Radolfzell, Sigmaringen u. a.

🏠 „Hofgarten", Dr.-Gröber-Str. 18; „Adler", Adlerplatz.

🏊 Hallenbad.

Durch die teilweise bewaldete Hügellandschaft (Höhen bis zu 700 m) führt die B 313 in ständigem, aber mäßigem Auf und Ab zum Bodensee und nach

Stockach (475 m; 12 900 Einw.), 40 km. Die Stadt wurde in der Nähe eines wahrscheinlich alemannischen Dorfes im 13. Jahrhundert von den Grafen von Nellenburg gegründet und Verwaltungssitz der Landgrafschaft Nellenburg. Diese Rolle spielte die Stadt auch unter österreichischer Herrschaft (1465 bis 1805). 1810 kam sie nach kurzer Zugehörigkeit zu Württemberg an Baden.

> Stockach, „Tor zum Bodensee" ist berühmt durch seine Fasnacht mit dem *Narrengericht,* das auf ein dem Hofnarren Kuony von Stocken 1351 verliehenes Narrenprivileg zurückgehen soll. An diesen Hofnarren erinnert der *Kuony-Brunnen* auf dem Marktplatz.

🚃 Bodman-Ludwigshafen, Pfullendorf, Radolfzell, Sigmaringen, Singen, Tuttlingen, Überlingen u. a.

🏨 „Goldener Ochsen", Zoznegger Str. 2; „Fortuna", Bahnhofstr. 8.

🏠 „Paradies", Radolfzeller Str. 36; „Zur Linde", Goethestr. 23; „Krone", im Ortsteil Zizenhausen..

⚠️ – 🏊 Freibad.

Für die Weiterfahrt nach *Singen* benutzt man entweder die über *Radolfzell* führende B 34 (Strecke A) oder die bis Engen die B 31 und von dort aus die B 33 (Strecke B).

Auf der *Strecke A* kommt man durch das an der *Stockacher Aach* gelegene Stokkach-Espasingen nach *Radolfzell-Stahringen* (westlich der B34), in dessen Nähe die *Ruine Homburg* liegt. Von *Radolfzell-Güttingen* (östlich der B 34) kann man einen Abstecher nach *Radolfzell-Möggingen* und zum *Mindelsee* (s. S. 62) machen. Man fährt dann in das Zentrum von *Radolfzell* (s. S. 62) und gelangt über *Radolfzell-Böhringen* nach

Singen, 67 km (s. S. 49).

Auf der *Strecke B* kommt man über *Nenzingen* (Ortsteil von *Orsingen-Nenzingen)* nach *Eigeltingen,* 50 km, wo nach Süden ein Weg (2 km) zum *Schloß Langenstein*

(Gemeinde Orsingen) abzweigt. In dem Renaissanceschloß (15. Jh.; wuchtiger Bergfried) ist das *Fasnachtsmuseum Langenstein* eingerichtet (Öffnungszeiten siehe Seite 12; Kutschfahrten ab Eigeltingen), dessen Sammlungen sich auf die Fasnacht von Linzgau, Bodensee, Hegau, Heuberg und Baar beziehen.

Von Eigeltingen fährt man auf der B 31 weiter nach

Aach (504 m; 1400 Einw.), 54 km. Das Städtchen besteht aus dem im Tal, unweit der *Aachquelle,* gelegene *Dorf Aach* und aus der auf steiler Höhe über der Aachquelle liegenden *Stadt Aach.* Dorf Aach hat von jeher einen Teil in der zweiten Hälfte des 13. Jahrhundert zur Stadt erhobenen Höhensiedlung gebildet und ist seit langem der wirtschaftliche Mittelpunkt des Ortes. Von der alten Stadtbefestigung sind geringe Reste erhalten geblieben, vor allem ein Torturm. Von der Pfarrkirche *St. Nikolaus* (1736) ist nur der Südturm mittelalterlich.

Die große Sehenswürdigkeit des Städtchens ist der *Aachtopf,* eine mächtige Karstquelle, in der das zwischen Immendingen und Fridingen versickerte Donauwasser wieder zutage tritt. Als *Aach* fließt es von hier aus bis in den Bodensee (s. S. 6).

🚃 Singen, Stockach (ab diesen beiden Orten Eisenbahnanschlüsse).

Engen (530–840 m; 9000 Einw.), 61 km, entstand neben der alemanischen Ansiedlung *Altdorf* (heute Stadtteil von Engen) und wurde im 13. Jahrhundert Stadt. Das malerische mittelalterliche Stadtbild ist gut erhalten (mehrfach preisgekrönte Sanierung).

Die *Stadtkirche Unserer Lieben Frau* ist aus einer spätromanischen, dreischiffigen Basilika (13. Jh.) hervorgegangen, die im 18. Jahrhundert barockisiert wurde. Sie besitzt oberhalb des Hauptportals einen einzigartigen, 800 Jahre alten Tympanon und künstlerisch bemerkenswerte Sandsteinreliefs.

In einem Teil des auf der Stadtmauer erbauten ehemaligen Frauenklosters *St. Wolfgang zur Sammlung* ist das *Städtische Museum* eingerichtet (Dauerausstellung sakrale Kunst, steinzeitl. Kunst des Magdalénien, Dokumentation Stadtsanierung; wechselnde Kunstausstellungen, Vorträge, Konzerte).

Südwestlich von Engen erhebt sich der *Hohenhewen* (846 m), einer der Vulkankegel des *Hegaus.* Von diesem Berg hat

Hohentwiel

der Hegau („Hewen-Gau") seinen Namen. Die Burg auf dem Hohenhewen wurde 1639 zerstört.

🚂 Immendingen, Singen (auf dieser Strecke auch Autobusverbindung), Tuttlingen u. a.

⌂ „Sonne".

⚐ „Sonnental". – 🛏 Freibad.

Für die Weiterfahrt nach *Singen* benutzt man die B 33, die, am Fuß des *Hohenhewen* verlaufend, nach *Mühlhausen* (68 km) führt. Von hier aus geht ein Fußweg (gut 1 km) hinauf auf den *Mägdeberg* (644 m), auf dem sich eine vorgeschichtliche Kultstätte befand. Im Mittelalter wurde auf dem Berg eine Burg errichtet, die 1359 vorübergehend an die Grafen von Württemberg kam (Ruine).

Südlich von Mühlhausen tritt der *Hohenkrähen* (644 m) dicht an die Straße heran. Seit dem 12. Jahrhundert haben nacheinander mehrere Burgen auf ihm gestanden. Die letzte, deren Mauerreste noch zu sehen sind, wurde 1634 zerstört.

Singen (428 m; 44 000 Einw.), 75 km, ist das Wirtschaftszentrum des Hegaus und nach Konstanz die größte Stadt des Kreises Konstanz. Zu dieser Bedeutung kam Singen erst seit dem Ende des 19. Jahrhunderts (1899 Erhebung zur Stadt). Es wurde Verkehrsknotenpunkt und Standort vieler bekannter Industriebetriebe. Vorher war es ein hübsches Hegaudorf, wie es heute noch viele in der Umgebung gibt. Auf dem Boden von Singen sind wichtige Funde aus der Stein- und Bronzezeit gemacht worden. Die Sammlungen des *Hegau-Museums* (siehe rechts) geben einen Einblick in die Lebensverhältnisse der frühesten Bewohner des Hegaus.

Im *Schloß* (erbaut 1809–1810; Schloßstraße 1) befindet sich das *Hegau-Museum* (dienstags bis samstags 14–18, sonntags 14–17 Uhr). Zu sehen sind vor- und frühgeschichtliche Funde, die in Singen und Umgebung gemacht worden sind und aus allen Epochen von der Steinzeit bis zur Merowingerzeit stammen. Andere, nun der Öffentlichkeit zugänglich gemachte Sammlungen sind die sehr umfassende Mineralien- und die große Schmetterlingssammlung.

Der an das Stadtgebiet grenzende 688 m hohe **Hohentwiel* ist einer der berühmtesten Hegau-Berge. Auf der Bergkuppe wurde im 10. Jahrhundert eine Burg erbaut, die den Schwabenherzögen zeitweilig als Wohnsitz gedient hat. Geschehnisse aus dieser Zeit behandelt mit dichterischer Freiheit Joseph Victor von Scheffel in seinem Roman „Ekkehard". Deshalb ist Singen eine Station an der Schwäbischen Dichterstraße. 1538 kam der Hohentwiel in den Besitz Württembergs. Im Dreißigjährigen Krieg war er besonders unter Konrad Widerholt das Widerstandszentrum der Protestanten. 1800 fiel die Festung kampflos an die Franzosen und wurde bald darauf geschleift. Sie ist die größte Festungsruine Südwestdeutschlands.

❶ Verkehrsamt, August-Ruf-Str. 7.

🚂 Immendingen, Konstanz, Lindau, Schaffhausen, Tuttlingen u. a.

🚌 Engen, Konstanz, Moos, Öhningen, Stein am Rhein, Stockach u. a.

🏨 „Lamm", Alemannenstraße 42.
⌂ „Widerhold", Schaffhauser Straße 58.

⚐ Friedinger Str. 28 (ganzjährig).

⚐ „Hegauhaus". – 🛏.

Von Singen aus unternimmt man eine kleine *Hegau-Rundfahrt*, und zwar fährt man auf der B 314 südlich um den *Hohentwiel* herum nach *Hilzingen*, 5 km, dessen Barockkirche (1747–1749) Peter Thumb erbaute, dann weiter nach *Hilzingen-Binningen*, 14,5 km, von wo man den *Hohenstoffeln* (844 m) besteigen kann, und schließlich nach *Blumenfeld* (jetzt Ortsteil von *Tengen*), 18,5 km, einem hübsch gelegenen Städtchen, in dem ein Renaissanceschloß steht (heute u. a. Altersheim). In Blumenfeld verläßt man die B 314 und fährt über *Tengen-Watterdingen* nach *Engen-Anselfingen*, 28,5 km, von wo aus man die am *Hohenhewen*, *Mägdeberg* und *Hohenkrähen* entlang führende B 33 nach *Singen*, 40,5 km, benutzt.

Route 5: Sigmaringen – Pfullendorf – Friedrichshafen (72 km)

Man verläßt *Sigmaringen* durch den Stadtteil *Hedingen*. Nach etwa 3 km hat man zur Rechten das *Jagdschloß Josefslust* der Fürsten von Hohenzollern-Sigmaringen. Der sich weiter nach Süden erstreckende *Wildpark Josefslust* hat einen großen Damwildbestand. Die Landstraße führt nach

Krauchenwies (583 m; 4000 Einw.), 9 km, das 1595 den Grafen von Hohenzollern-Sigmaringen zufiel und zum Sommersitz der Grafen und späteren Fürsten wurde. Das *Sommerschloß*, eigentlich nur ein stattliches Landhaus, das inmitten eines schönen Parks gelegen ist, wurde 1828–32 erbaut.

Von *Krauchenwies* führt eine gute Landstraße über *Krauchenwies-Bittelschieß* (hübsche Rokokokirche von 1758) nach *Pfullendorf*. Man kann aber auch die etwas schlechtere Landstraße über *Hausen am Andelsbach* wählen, die besonders auf den letzten 5 km vor Pfullendorf landschaftlich recht reizvoll ist (Umweg von 2 km).

Pfullendorf (635 m; 10 500 Einw.), 20 km, wurde 1220 von Kaiser Friedrich II. zur Stadt erhoben und mit einer Mauer umgeben. Das altertümliche Stadtbild ist weitgehend erhalten geblieben.

Von den Resten der mittelalterlichen Befestigungsanlagen ist das *Obere Tor* am eindrucksvollsten. Im *Rathaus* (1524; 1785/86 verändert) sind die prächtigen Wappenscheiben des Glasmalers Christoph Stimmer aus der ersten Hälfte des 16. Jahrhunderts zu sehen.

Unter den zahlreichen älteren Wohnhäusern ist das *Alte Haus* (1307), ein gestelztes Bauernhaus, als eines der ältesten Privathäuser Süddeutschlands besonders zu nennen.

Die *Pfarrkirche St. Jakob* (älteste Bauteile 14. Jh.) wurde im 18. Jahrhundert barockisiert. An diesen Arbeiten waren der Stukkateur Johann Jakob Schwarzmann (1729–1784) und der Maler Andreas Meinrad von Ow (1712–1792) wesentlich beteiligt. Das Chorgestühl und den im nördlichen Seitenschiff stehenden Rosenkranzaltar schuf Mitte des 18. Jahrhunderts Magnus Hops.

In der *Spitalkirche* (um 1500) sind einige Tafelbilder aus der Zeit von 1500 bis 1510 beachtenswert. – *Heimatmuseum.*

🚌 Aulendorf, Heiligenberg, Meßkirch, Stockach, Überlingen u. a.

🏨 „Adler". – 🏨 „Stadtblick"; „Krone".

Man verläßt Pfullendorf auf der teilweise am *Andelsbach* verlaufenden Straße nach *Pfullendorf-Denkingen* und biegt etwa 1 km südlich von Denkingen nach links ab. Die Straße führt nach

Heiligenberg (700–800 m; 2600 Einw.), 37 km. Es war seit dem 10. Jahrhundert Sitz der Grafen von Heiligenberg. Das heutige Schloß geht auf eine Burganlage des 13. Jahrhunderts zurück. 1534 kamen die Grafen (späteren Fürsten) zu Fürstenberg in den Besitz von Burg und Grafschaft; sie begannen 1546 mit dem Bau des heutigen Schlosses.

Das *Schloß* gilt als das bedeutendste Werk der Renaissance im Bodenseegebiet. Sein wichtigster Baumeister was Jörg Schwartzenberger (s. S. 47). Sein großartigster Raum ist der **Rittersaal* (aus verschiedenen Edelhölzern gefertigte, reich geschnitzte Kassettendecke von Jörg Schwartzenberger; wahrscheinlich von Hans Morinck geschaffene Sandsteinkamine).

Die durch drei Stockwerke des Westflügels hinaufreichende *Schloßkapelle* besitzt eine geschnitzte Holzdecke von Hans Dürner, Schnitzereien an der Orgelbrüstung von Hans Ulrich Glöckler und einige Glasmalereien (frühes 14. Jh.), die sich früher in der Dominikanerkirche in Konstanz befanden. Unter der Kapelle befin-

Schloß Heiligenberg

det sich die Gruft, deren Hochaltar eine Muttergottes aus der Zeit um 1500 schmückt.

Führungen vom 1.4. bis 30.6. und 15.8. bis 1. 11. täglich alle halbe Stunde von 8.30–11.30 und 13–17.30 Uhr, sonst nach Vereinbarung (Telefon 0 75 54/2 42).

🚌 Pfullendorf, Überlingen.

🏨 „Berghotel Baader", Salemer Straße 5; „Post", Postplatz 2. – 🏠 „Bayerischer

Hof", Röhrenbacher Straße 1; im benachbarten Frickingen „Zum Löwen" (gute Küche).

🏊 Frei- und Hallenbad; Skilifte.

In *Salem-Stefansfeld,* 47 km, steht auf dem ehemaligen Laienfriedhof des Klosters Salem eine schöne, von Franz Beer 1707 bis 1710 erbaute Kapelle.

Salem (440 m; 9000 Einw.), 48 km, geht auf das Dorf Salmannsweiler zurück, das den Zisterziensern von einem Edlen des Linzgaus geschenkt wurde. Die Mönche gründeten hier 1134 ein Kloster, das schnell eine große geistige und wirtschaftliche Bedeutung erlangte. 1354 wurde es gefreites Stift und 1487 Reichsabtei. 1802 fiel das Kloster nach der Säkularisierung an die Markgrafen von Baden. 1920 gründete Prinz Max von Baden die inzwischen berühmt gewordene Internatsschule. 1954 wurde ein wesentlicher Teil der Klostergebäude (nunmehr *Schloß*) als Museum (z. T. Feuerwehrmuseum) eingerichtet. Schloß und Münster können von 1. 4.–31. 10. montags bis samstags 9–12 und 13–17, sonn- und feiertags 11–17 Uhr besichtigt werden.

Die in der ersten großen Blütezeit des Klosters (13. Jh.) erbauten Gebäude brannten 1697 fast völlig nieder. Die heutigen Gebäude entstanden um 1700; Baumeister war Franz Beer. Unter den Innenräumen der Konventsgebäude ist der Kaisersaal hervorzuheben, den F. J. Feuchtmayer in den Jahren 1708 bis 1710 stuckiert hat.

Den Brand vom Jahre 1697 überstand das *Münster,* mit dessen Bau 1299 begonnen wurde. Der hochgotische Bau ist ein schönes Beispiel strengsten Zisterzienserstils. Die Eingriffe des Spätbarocks in die gotische Architektur halten sich in Grenzen. Die eindrucksvollsten Teile der Innenausstattung sind die Bruchstücke des Chorgestühls von 1594 und die Alabasterarbeiten (27 Altäre u. a.), die 1771 bis 1794 unter der Leitung von Joh. Georg Dirr und Joh. Georg Wieland entstanden.

Etwa 3 km westlich von Salem liegt der *Affenberg,* ein Freigehege mit rund 200 Berberaffen, die man füttern kann (Futter erhältlich).

🚌 Frickingen, Meersburg, Sigmaringen, Überlingen u. a.

🏨 „Schwanen" – 🏊.

Man setzt die Fahrt in Richtung *Markdorf* fort und kommt über *Salem-Neufrach* (zwischen diesem und dem westlich benachbarten Ortsteil *Salem-Mimmenhausen* liegt die Eisenbahnstation *Salem,* Strecke Friedrichshafen-Radolfzell) nach *Bermatingen,* 56 km. In der dortigen Pfarrkirche *St. Georg* (15. Jh.; später verändert und barockisiert) befindet sich vor dem Chorbogen eine ausgezeichnete Muttergottes (um 1620) des Bildhauers Jörg Zürn, der lange Zeit in Überlingen tätig war (s. S. 25) und dort auch starb. Von Bermatingen aus sollte man einen Abstecher nach

Baitenhausen machen (heute ein Ortsteil von Meersburg), 4 km. Hoch über dem Ort erhebt sich eine *Wallfahrtskirche* (1702), die sehr gut ausgestattet und ausgemalt ist. Die großartigen Deckengemälde sind von Johann Wolfgang Baumgartner 1760 geschaffen worden. Für den Reisenden sind die Landschaftsmalereien im Querschiff von aktuellem Interesse. Am Ufer des mondbeschienenen Bodensees ist Meersburg dargestellt. Fern und klein wird Konstanz sichtbar. Auch die Landschaft, die man beim Verlassen der Kirche erblickt, ist dargestellt: Bermatingen, woher man gekommen ist, Markdorf und Ittendorf, wohin man noch fahren wird.

Von *Baitenhausen* sind es nur 4 km bis *Meersburg* (siehe S. 27). Man fährt aber zurück nach Bermatingen und von dort weiter nach

Markdorf (435 m; 10 500 Einw.) 59 km, das im 13. Jahrhundert Stadt wurde. Im 15. Jahrhundert kam es in den Besitz der Bischöfe von Konstanz, die hier zeitweilig residiert haben. Durch die Säkularisation (1803) kam die Stadt an Baden. Mehrere große Brände, besonders der von 1842, zerstörten weite Teile der mittelalterlichen Stadt.

Markdorf: Schutzmantelkapelle

Von den alten Befestigungen blieben das *Obertor,* der *Hexenturm* und das *Untertor* erhalten. Das dem Untertor benachbarte *Alte Schloß* (14. Jh.) ist ein wehrturmartiges Gebäude mit Staffelgiebeln und hat gelegentlich den Bischöfen von Konstanz als Residenz gedient. 1740 wurde es um den *Neuen Bau* erweitert. In dem renovierten Gebäudekomplex befindet sich heute das Hotel Bischofschloß.

In der spätgotischen ehemaligen *Stifts-,* jetzt *Stadtkirche St. Nikolaus* (14. Jh.) befindet sich sehenswerter Figurenschmuck: eine Pietà des Konstanzer Bildhauers Christoph Daniel Schenck (um 1680); am Südportal eine „Maria auf der Mondsichel" von Jörg Zürn; vor allem aber in der an die Kirche angebauten *Kapelle der Schutzmantelbruderschaft* die herrliche *Schutzmantelmadonna* (1740).

🚋 Friedrichshafen, Radolfzell.

🚌 Friedrichshafen, Konstanz, Meersburg, Ravensburg u. a.

🏨 „Bischofschloß".–🏠 „Traube"; „Ochsen".

⚓ „Wirthshof".–🏊 Freibad.

Von Markdorf aus kann man einen Abstecher in das 4,5 km südwestlich in Richtung Meersburg gelegene *Markdorf-Ittendorf* machen. Dort steht das auf dem Deckengemälde der Wallfahrtskirche zu Baitenhausen (siehe links) abgebildete *Schloß* (1672), dessen Hauptgebäude ein Staffelgiebelhaus ist. In der von 1720 bis 1730 barockisierten *Pfarrkirche* sind die Altäre, die Kanzel und das von Christoph Daniel Schenck geschaffene Ölbergrelief von 1679 beachtenswert.

Für die Weiterfahrt nach Friedrichshafen nimmt man den Weg über *Friedrichshafen-Kluftern* und kommt dabei über das zu Kluftern gehörende *Lipbach.* Dort steht die *Laurentiuskapelle,* die schon im 10. Jahrhundert erwähnt wird (über das Alter des heutigen Baus besteht keine Klarheit; der Turm ist romanisch).

In *Kluftern* (63 km) steht eine barockisierte *Pfarrkirche* mit drei barocken Altären und einer reich geschmückten, ebenfalls barocken Kanzel.

Ab Kluftern kann man den Weg über *Immenstaad* (s. S. 63) und dann am Ufer des Bodensees entlang nach Friedrichshafen (12 km ab Kluftern) nehmen. Ist man in einer Zeit starken Reiseverkehrs unterwegs, nimmt man die Straße über den Ortsteil *Schnetzenhausen.*

Friedrichshafen, 72 km, siehe Seite 59.

Route 6: Sigmaringen – *Ravensburg – Bad Wurzach (103 km)

Für die Fahrt von *Sigmaringen* nach *Ravensburg* benutzt man die B 32. Sie führt durch Ried- und Seenlandschaften, die der Jungendmoräne vorgelagert sind. Eine Bahnstrecke läuft der B 32 von Sigmaringen bis Altshausen parallel.

Die Strecke *Sigmaringen–Herbertingen* ist auf Seite 37 dargestellt. In Herbertingen (23 km) trennen sich B 311 und B 32. Man folgt der B 32 in Richtung Ravensburg und erreicht

Saulgau (593 m; 15 000 Einw.), 30 km. Der 819 bereits genannte Ort kam im Jahre 1299 zusammen mit Mengen, Munderkingen, Riedlingen und Waldsee – es sind dies die fünf sogenannten Donaustädte mit reichsstädtischen Privilegien – zu Österreich. Die Städte wurden 1384/1386 von den Habsburgern an die Truchsesse von Waldburg verpfändet, kauften sich 1680 von den Truchsessen frei und unterstanden damit wieder Österreich direkt. 1806 kamen sie an das Königreich Württemberg.

Saulgau

Altes Brauchtum ist in Saulgau noch sehr lebendig. An Fasnacht sind Masken wie „Dorausschreier", „Zennenmacher", „Pelzteufel", „Blumenärrle" und Hexen zu sehen. Zur Palmsonntagsprozession werden selbstgebastelte Palmen mitgebracht. Am ersten Juliwochenende feiert man seit 1534 das Heimat- und Kinderfest „Bächtlefest", am Heiligen Abend erfolgt das „Engelsingen".

Das bedeutendste Baudenkmal der Stadt ist die spätgotische *St.-Johannes-Kirche* (um 1400; Besonderheit: die vortretende Westvorhalle), deren Inneres nach Renovierung neu ausgestattet wurde (u. a. Werke von Otto Dix). Die *Kreuz-* oder *Schwedenkapelle* (in Bahnhofsnähe) weist – neben einem mächtigen romanischen Kruzifix (12. Jh.) – eine ausgezeichnete Arbeit von HAP Grieshaber, den „Großen Kreuzweg", auf.

Im mittelalterlichen Stadtkern sind noch zahlreiche Fachwerkhäuser und prächtige Bürgerhäuser erhalten. Zu ihnen gehören das *Buchauer Amtshaus* und das ehemalige *Gasthaus zum Raben* (heute Teppichmuseum und Galerie) in der Pfarrstraße sowie das am Marktplatz stehende *Haus am Markt* (um 1400) mit Ratssaal und einer Galerie Oberschwäbischer Kunst seit 1900 (geöffnet mittwochs, samstags und sonntags 14-16 Uhr). Wechselnde Ausstellungen zeigt die Städtische Galerie *Die Fähre*. Hinter dem Rathaus (einst Nonnenkloster aus dem 18. Jh.) finden sich noch Teile der alten Stadtmauer mit dem *Katzentürmle*. In der

Hauptstraße steht der *Lugebrunnen*, in der Pfarrstraße der *Narrenbrunnen*. Das heutige Hotel „Kleber-Post" war einst Thurn- und Taxis'sche Poststation. Das Verkehrsamt im Rathaus (Tel. 07 581/42 68) bietet Stadtführungen an.

🚄 Aulendorf, Sigmaringen.

🚌 Aulendorf, Friedrichshafen, Pfullendorf, Ravensburg, Riedlingen u. a.

🏨 „Kleber-Post", Hauptstraße 100 (seit 1671 in Familienbesitz; mit sehr gutem Restaurant; je nach Jahreszeit Fisch- und Spargelspezialitäten).

🏨 „Ochsen".

🏠 „Bären"; „Schwarzer Adler".

🏊 Badeseen; Hallenbad; schwefelhaltiges Thermalbad.

Ausflug:

Zu einem Besuch von *Saulgau-Sießen* verläßt man Saulgau auf der nach *Ostrach* führenden Straße, von der man nach rund 3 km nach rechts abbiegt (es gibt auch einen bequemen Wanderweg, der von Saulgau aus direkt in etwa 30 Minuten nach Saulgau-Sießen führt). In dem kleinen Weiler entstand 1259 ein *Dominikanerinnenkloster*, das bis 1803 Bestand hatte. 1860 zogen Franziskanerinnen in die leerstehenden Klostergebäude ein. Die Gebäude stammen zum größten Teil aus den Jahren 1716–22. Die *Kirche* wurde 1726 bis 1733 von Dominikus Zimmermann (1685–1766), dem großen Baumeister des bayerischen Rokokos, erbaut, der fast zur gleichen Zeit die Wallfahrtskirche in Steinhausen (siehe S. 58) schuf. Zur Mitarbeit zog Dominikus seinen Bruder Johann Baptist heran, von dem die Deckenmalereien (1729) stammen.

Im Kloster Sießen hat die Franziskanerin Berta Hummel (1909–1946) gelebt, die als Malerin bekannt geworden ist. Im Kloster ist eine Ausstellung ihrer Arbeiten eingerichtet worden, die besichtigt werden kann. Interessenten sollen sich an der Pforte des Klosters melden. Der Wanderer kann am *Wagenhauser See* entlang und dann über das neue Kurgebiet nach Saulgau zurückgehen (der Weg nimmt etwa 1½ Std. in Anspruch).

Unsere Route führt weiter nach

Altshausen (582 m; 4000 Einw.), 39 km. In der Nähe liegen (im Hardtwald) die größten, teilweise über 3 m hohen Hügelgräber Oberschwabens aus der Hallstattzeit. Es finden sich Spuren älterer Grabungen, aber über eventuell gemachte Funde ist nichts bekannt.

Altshausen

Schon im frühen Mittelalter war Altshausen Sitz der mächtigen Grafen von Altshausen, aus deren Geschlecht der berühmte Geschichtsschreiber, Dichter und Reichenauer Mönch Hermann der Lahme (gest. in Altshausen 1054; siehe S. 16) stammte.

1264 kam Altshausen an den Deutschen Orden und wurde Kommende (von einem Komtur geleitetes Ordenshaus) der Ballei (Ordensverwaltungsbezirk) Elsaß-Schwaben-Burgund. Im 15. Jahrhundert nahm der Landkomtur dieser Ballei in Altshausen seinen Sitz.

Nach Aufhebung des Deutschen Ordens fiel Altshausen an Württemberg. Das *Schloß,* von Johann Caspar Bagnato (1696–1757), dem Baudirektor der Deutschordensballei Elsaß-Schwaben-Burgund, als Erweiterung der älteren Burg in großen Ausmaßen geplant, ist unvollendet geblieben. Fertiggestellt wurden nur der Marstall (1729–30), der Torbau (1731–32), die Reitschule und das Theater (1733). Von der mittelalterlichen Burg ist der vierstöckige „Alte Bau" erhalten, der im 16. und 17. Jahrhundert durch den Kapuzinerbau und den Südflügel erweitert wurde. Nahe dem „Alten Bau" steht die *Michaelskirche* (15. Jh.), die von Bagnato barockisiert worden ist. In ihr befindet sich die Gruftkapelle der Ordenskomture. Das Schloß wird heute von der herzoglich württembergischen Familie bewohnt.

Wegen seiner reichen Flora und Fauna ist der am Ortsrand gelegene *Alte Weiher* besuchenswert.

🚄 Aulendorf, Sigmaringen.

🚌 Aulendorf, Friedrichshafen, Pfullendorf, Riedlingen, Saulgau u. a.

🏠 Gasthöfe „Fahrrad", „Fässle". – 🏊

Rund 6 km südöstlich von Altshausen befindet man sich mitten in einem Naturschutzgebiet, das beiderseits der Straße um einige Seen herum gelegen ist, deren größte der *Schreckensee* und der *Häcklerweiher* sind. In der Nähe des Schreckensees führt eine Straße zum 3,5 km östlich gelegenen *Wolpertswende*, das wegen seiner im Kern romanischen Pfarrkirche *St. Gangolf* (gute Holzschnitzereien; „Gangolfkreuz" aus dem 13. Jh.), wegen der romanischen *Gangolfskapelle* (vorwiegend aus Findlingssteinen erbaut) und wegen des im Ortsteil Hatzenturm stehenden *Hatzenturms* (um 1100; ebenfalls aus Findlingssteinen) besuchenswert ist.

Man kann von Wolpertswende zum Schreckensee zurückfahren oder die B 32 beim weiter südlich gelegenen *Fronreute-Blitzenreute* erreichen. Über *Weingarten* (s. S. 30) kommt man nach

*Ravensburg, 60 km, siehe Seite 29, das man entweder auf der *Wangener Straße* (B 32) in Richtung *Wangen* oder aber auch der landschaftlich weitaus schöneren *Schlierer Straße*, die über *Schlier* weiter nach *Waldburg* führt, verläßt. Bei Benutzung der B 32 fährt man bis *Kofeld* (71 km) und biegt hier links ab nach

Waldburg (740 m; 2160 Einw.), einem hübschen Erholungsort am Fuße des Burgberges (772 m), auf dem sich die **Waldburg* erhebt, die am besten erhaltene und am höchsten gelegene Burg Oberschwabens. Die um 1200 errichtete Burg wurde im 15. Jahrhundert von Grund auf erneuert und im 18. Jahrhundert im Innern (Kapelle) teilweise neugestaltet. Der schönste Innenraum der Waldburg ist der mit einer Kassettendecke und Holzvertäfelungen versehene Rittersaal. In der Kapelle befindet sich ein guter Schnitzaltar (um 1500). Von der Burg aus überblickt

Waldburg: Rittersaal

man das ganze oberschwäbische Land von der Schwäbischen Alb bis zu den Alpen.

Die Waldburg ist zur Zeit wegen Renovierungsarbeiten geschlossen.

Die Waldburg ist der Stammsitz der ehemaligen Reichstruchsesse von Waldburg, die 1803 in den Reichsfürstenstand erhoben wurden. Von den einst zahlreichen Linien des Geschlechts blühen heute noch die Linien Wolfegg-Waldsee und Waldburg-Zeil. (Schloß Waldsee siehe S. 42, Schloß Zeil siehe S. 45). Die Fahrt von Waldburg nach *Bad Wurzach* wird durch das ehemalige Herrschaftsgebiet der Waldburger führen.

🚃 Bad Wurzach, Ravensburg, Vogt, Wangen im Allgäu.

🏠 „Krone"; „König Wilhelm", „Am Schloßberg".

Ausflug:

Es lohnt sich, einen Abstecher nach *Amtzell* zu machen. Man fährt nach *Kofeld* (3 km), das an der B 32 liegt, und auf dieser nach *Amtzell* (5,5 km). Das *Amtsschloß* (auch *Dorfschloß* genannt, jetzt Schule) von Amtzell ist im Kern ein Renaissancebau, der 1752 eine barocke Umgestaltung erfuhr. Die *Pfarrkirche* weist romanische, spätgotische und barocke Elemente auf, auch in ihrer Innenausstattung.

Wenig westlich von Amtzell liegt, auf einem Spaziergang bequem zu erreichen, die *Wallfahrtskirche* (hauptsächlich 1686) von *Pfärrich*. Sie besitzt eine sehenswerte Innenausstattung (Hochaltar von 1716 mit gotischem Gnadenbild), ist aber auch wegen ihrer reizvollen Lage besuchenswert.

*

Für die Weiterfahrt von *Waldburg* nach *Bad Wurzach* benutzt man die meist am Rande des *Altdorfer Waldes* entlangführende Landstraße und erreicht

Vogt (700 m; 4000 Einw.), 73 km, das sich stolz das „Tor zum Allgäu" nennt und selbst ein beliebter Erholungsort ist. Wegen seiner Lage am Rande des Altdorfer Waldes ist es ein ausgezeichneter Ausgangspunkt für ausgedehnte Spaziergänge (Wanderparkplatz).

🚃 Ravensburg, Wangen im Allgäu.

🏨 „Zum Adler".

🏠 „Paradies".

🏊 Ozonhallenbad, Tennishalle.

Wolfegg (678 m; 3000 Einw.; Luftkurort), 80 km, war seit etwa 1200 Besitz der Herren von Tanne (aus dem nahen Alttann), die sich nach Erwerb von Waldburg (s. S. 55) seit 1219 von Waldburg und seit 1225 Reichstruchsesse von Waldburg nannten und in der Folgezeit ihren ständig wachsenden Besitz (u. a. Zeil und Wurzach) auf ihre verschiedenen Linien aufteilten (Erbteilung 1429, 1595, 1672, 1674). Sie leben heute noch fort in den Linien des Geschlechts der Fürsten von Waldburg (s. S. 55).

Das auf einer Bergzunge gelegene *Schloß* (es kann nur bei Konzerten besichtigt werden) des 16. Jahrhunderts wurde von den Schweden im Dreißigjährigen Krieg niedergebrannt, jedoch auf den alten Umfassungsmauern neu errichtet. Die Innenräume wurden im 18. Jahrhundert barock umgestaltet. Der prachtvollste Raum ist der *Rittersaal* (u. a. 24 überlebensgroße Ritterstandbilder der Herren von Waldburg). – Ende September internationale Musiktage auf Schloß Wolfegg.

Die *Pfarrkirche* (ehemalige Schloßkirche; 1733–1742) weist vor allem Rokokostukkaturen, Deckenmalereien und einige Grabmäler auf.

Besuchenswert ist das *Automuseum* von Fritz B. Busch, beim Schloß (geöffnet von April bis Oktober täglich 9–12 und 13–18, sonntags 9–17 Uhr). In dem Museum sind Automobile und Motorräder vom Beginn der Motorisierung bis zur Gegenwart zu sehen (in- und ausländische Typen). – Das *Bauernhaus-Freilichtmuseum* (Darstellung der Bauernhaus- und Lebensformen aus drei Jahrhunderten) ist April, Mai und Oktober täglich (außer montags) von 10–12 und 14–17, Juni–September 10–18 Uhr geöffnet. – *Alte Pfarr* (um 1000; Konzert- und Ausstellungsraum).

Wolfegg

🚲 Aulendorf, Herbertingen, Kißlegg.

🚌 Bad Waldsee, Bad Wurzach, Kißlegg, Ravensburg.

⌂ „Gasthof Post". – ♨.

Kißlegg (650–739 m; 8000 Einw.; Luftkurort), 88 km. Der im 8. Jahrhundert gegründete Ort entwickelte sich zum Mittelpunkt der Herrschaft Kißlegg, die zur einen Hälfte 1702 an die Waldburger Linie Waldburg-Wolfegg, zur anderen Hälfte 1793 an die Linie Waldburg-Wurzach fiel. Das burgartige *Alte Schloß* (16. Jh.; im 18. Jh. restauriert) wird heute noch von der Linie Waldburg-Wolfegg bewohnt (keine Innenbesichtigung).

Das *Neue Schloß* (1721–1727; restauriert 1977), das bis 1943 der Wohnsitz der Linie Waldburg-Wurzach war, birgt heute ein *Museum für Musikinstrumente* und die *Websky-Gemäldeausstellung*.

Die *Pfarrkirche St. Gallus und Ulrich* (1734–1738) besitzt eine prunkvolle Innenausstattung aus dem 18. Jahrhundert (u. a. Kanzel, Schalldeckel, Taufstein). Besonders sehenswert ist der *Augsburger Silberschatz* von Mäderl, der aus 21 Plastiken und Reliefs besteht.

❶ Kurverwaltung, Tel. 0 75 63/1 81 31.

🚲 Aulendorf, Memmingen, Lindau.

🚌 Aulendorf, Leutkirch, Ravensburg, Wangen im Allgäu, Wolfegg.

⌂ „Goldener Adler" u. a.

♨ Frei- und Thermalbad.

Man fährt zur B 465 und auf ihr nach

Bad Wurzach (650 m; 12 000 Einw.), 103 km, einem beliebten und modern eingerichteten Moorheilbad am Rand des Naturschutzgebietes *Wurzacher Ried* (Europadiplom). Das *Schloß* (18. Jh.), einst Residenz der Fürsten von Waldburg-Zeil-Wurzach, ist heute *Salvator-Kolleg* (das barocke Treppenhaus kann besichtigt werden).

In der klassizistischen *Pfarrkirche* (1775 bis 1777) verdienen das große Deckengemälde von Andreas Brugger, das Chorgemälde, die Figurengruppe des Baldachinhochaltars Beachtung. Zu dem neben der Kirche stehenden *Kloster Maria Rosengarten* gehört eine Kapelle (18. Jh.) mit Rokokoausstattung. Renoviertes *Leprosenhaus* (16. Jh.).

🚌 Aulendorf, Biberach, Leutkirch, Ravensburg, Wangen, Stuttgart.

⌂ „Rößle"; „Städt. Kurhaus". ♨.

Route 7: Riedlingen – Bad Buchau – Bad Waldsee (44 km)

Routenplan siehe Seite 53

In der Nähe des Bahnhofs *Riedlingen* kreuzt die nach *Bad Buchau* führende Straße (Teil der *Oberschwäbischen Barockstraße*) die B 311. Zwischen dem Ortsteil *Kappel* und Bad Buchau selbst biegt nach links eine Straße ab, die zu einer Rundfahrt um das *Naturschutzgebiet Federsee* (17,5 km) einlädt, ein für die Vor- und Frühgeschichte Süddeutschlands wichtiges Gebiet.

Die Rundfahrt geht über *Moosburg, Alleshausen, Seekirch, Tiefenbach* und *Oggelshausen* am Rande des Naturschutzgebietes (Europa-Vogelreservat, 250 Vogelarten) entlang.

Den Mittelpunkt des Gebiets bildet der *Federsee,* ein Rest des Urfedersees, der in der Eiszeit mit dem gesamten Schussental ein riesiges Zungenbecken des Oberrheingletschers bildete. Der Endmoränenwall der Würmeiszeit, der zur Wasserscheide zwischen Donau und Rhein wurde, trennte den Federsee vom Zungenbecken.

Die Moränenwälle waren in der Mittleren Steinzeit Lagerplätze für Jägerhorden und wurden in der Jungsteinzeit Siedlungsplätze für Bauern, deren Dörfer ausgegraben worden sind. Unter den reichen Funden verdienen die Einbäume besondere Beachtung. Grabungsfunde im *Federseemuseum* in Bad Buchau. (geöffnet vom 15. März bis 31. Oktober täglich 9 bis 11.30 und 13.30–17, im Winter sonntags 13–16 Uhr).

Bad Buchau (592 m; 3800 Einw.), 15 km (ab Riedlingen), geht auf eine Ansiedlung zurück, die bei dem im 8. Jahrhundert gegründeten *Kloster* entstand. Ansiedlung und Kloster lagen auf einer Insel im Federseemoor, die durch Verlandung und durch künstliche Senkungen des Wasserspiegels landfest wurde.

Das Kloster wurde Damenstift, das Reichsunmittelbarkeit erlangte; seine Äbtissinnen hatten seit dem 14. Jahrhundert den Rang einer Fürstin. Das Dorf wurde Stadt (13. Jh.) und Reichsstadt (14. Jh.). Das 1802 aufgehobene Stift kam mit der Stadt an die Fürsten von Thurn und Taxis und 1806 an Württemberg.

Der älteste Teil der *Stiftskirche* ist die unter dem Chor gelegene romanische Hal-

Bad Buchau: Stiftskirche

lenkrypta (wohl 11. Jh.). Die klassizistische Kirche selbst entstand als Umbau einer spätgotischen Kirche in den Jahren 1773 bis 1776. Das helle, festliche Innere beeindruckt durch Malereien und Plastiken (vor allem die Deckenfresken im Mittelschiff und die Gruppe der Marienklage im Chor). Das *Stiftsmuseum* zeigt sakrale Kunst aus Oberschwaben und dokumentiert die Stiftsgeschichte.

Bad Buchau besitzt ein Moorbad mit Thermalquelle. (Adelinis-Therme) und 70000m^2 großem Kurpark.

In *Kappel* steht die ehemalige Pfarrkirche *St. Peter und Paul.* Im romanischen Chor (jetzt Seitenkapelle) sind Wandmalereien (um 1100; der Reichenauer Schule zuzuordnen) zu sehen.

❶ Verkehrsamt, Marktplatz 1, Tel. 0 75 82/8 08 12.

🚌 Aulendorf, Biberach, Bad Schussenried, Isny, Riedlingen.

⌂ „Kreuz", „Hofbräuhaus", „Moorbadstuben". –🏊 Frei- und Hallenbad.

Bad Schussenried (571 m; 7200 Einw.), 23 km, geht auf das 1183 gegründete Prämonstratenserkloster zurück, wurde 1947 Stadt und 1966 Bad (Moorheilbad). Es ist außerdem eine der Stationen an der *Schwäbischen Bäderstraße* (s. S. 42).

Die Gebäude des ehemaligen *Klosters* stammen größtenteils aus dem 18. Jahrhundert und wurden teilweise nach Plänen von Dominikus Zimmermann erbaut. Das Glanzstück ist der ****Bibliothekssaal** (1754–61) mit Stuckarbeiten von Johann Jakob Schwarzmann.

7

57

Bad Schussenried: Klosterbibliothek

Die *Kloster-, jetzt Stadtpfarrkirche* ist ein romanischer, mehrfach (zuletzt 1647) erneuerter Bau, der in den Jahren 1745–46 unter der Leitung des Malers Johannes Zick (1702–62) barockisiert, stuckiert und von diesem ausgemalt wurde. An dem Chorgestühl (1715–17) von Georg Anton Machein sind etwa 1000 Menschen- und Tierköpfe zu sehen. Von den älteren Ausstattungsstücken ist vor allem die gotische Madonna (Mitte 15. Jh.) beachtenswert. Von 1976 bis 1979 wurde die Kirche restauriert; *Klostermuseum.*

Im Ortsteil *Kürnbach* befindet sich am Griesweg das *Kreisfreilichtmuseum Kürnbach* (geöffnet April bis Oktober werktags 9–12 und 13–18, sonntags nur 13–18 Uhr), in dem vor allem ein 1663 bis 1665 erbautes Strohdachhaus zu sehen ist.

Die Pfarrkirche *St. Oswald* im Ortsteil *Otterswang* ist ein spätbarocker Bau (1770) mit guter Innenausstattung.

Mit dem Ortsteil *Kleinwinnaden* ist Bad Schussenried Station der Schwäbischen Dichterstraße. Dort steht das *Geburtshaus* (heute Schule) des Volks- und Heimatdichters *W. Schussen* (1874 bis 1956).

Der Ortsteil *Steinhausen* besitzt eines der schönsten Bauwerke Oberschwabens, die ***Pfarrkirche St. Peter und Paul,* die zugleich *Wallfahrtskirche Unserer Lieben Frau* ist. Die Besonderheit dieses 1728 bis 1733 von Dominikus Zimmermann errrichteten Baus ist die glückliche Verbindung des ovalen Langhauses mit dem quergestellten kleinen Chorovals; in das Langhaus ist als inneres Oval ein Kranz von zehn Gruppenpfeilern, durch Rundbögen miteinander verbunden, gestellt.

Über dem so gebildeten Mittelraum wölbt sich eine Flachkuppel, die ebenso wie die Kuppel über dem Chor von Johann Baptist Zimmermann hervorragend ausgemalt worden ist. Die Stuckarbeiten sind das gemeinsame Werk der Brüder Zimmermann. Man beachte auch die minuziöse Darstellung heimischer Pflanzen und Tiere.

❶ Kurverwaltung, Bahnhofstr. 10.

🚄 Friedrichshafen, Lindau, Ulm.

🚌 Aulendorf, Biberach, Isny, Riedlingen.

⌂ Pensionen und Gasthöfe.

🏊 Frei- und Hallenbewegungsbad.

Aulendorf (544–667 m; 7000 Einw.), 29 km, im 10. Jahrhundert erstmals genannt, seit 1950 Stadt.

Das teilweise noch burgartig aussehende ehemalige *Schloß* der Grafen von Königsegg ist mehrfach umgebaut worden. Die klassizistische Fassade des Nordflügels (1778–81) schuf Michel d'Ixnard. Im Schloß befindet sich ein *Heimatmuseum.*

Die *Pfarrkirche St. Martin* geht auf einen romanischen Bau zurück, weist aber heute infolge unaufhörlicher Veränderungen Elemente aller Baustile bis zum Klassizismus auf. Von der Innenausstattung verdient der spätgotische Schnitzaltar im nördlichen Seitenschiff Beachtung. Auch das *Kurhaus* (18. Jh.) ist sehenswert.

❶ Verkehrsamt, Hauptstr. 64.

🚄 Friedrichshafen, Lindau, Sigmaringen, Ulm, Wangen im Allgäu, München.

🚌 Bad Wurzach, Friedrichshafen, Isny, Leutkirch, Pfullendorf u. a.

⌂ „Mohren". – 🏊.

Bad Waldsee-Reute, 37 km. Dort wurde 1407 aus einem alten Beginenhaus ein Franziskanerinnenkloster (seit 1870 wieder von Franziskanerinnen bewohnt), in dem um diese Zeit die Mystikerin Elisabeth Achler, die „gute Beth von Reute", lebte (1420 im Ruf der Heiligkeit gestorben). Ihr Grab, das sehr bald Wallfahrtsziel wurde, befindet sich in der *Kapelle,* die im Norden an die Klosterkirche (heutige Pfarrkirche) angebaut ist. In der *Kirche* (17. Jh.; später mehrmals verändert) sind Wandmalereien, die sich zum Teil auf das Leben der Elisabeth Achler beziehen, zu sehen. Auf direkter Straße fährt man nach

Bad Waldsee, 42 km, siehe Seite 43.

Route 8: Rund um den **Bodensee (235 km)

In der Beschreibung der Bodenseerund-
fahrt werden die am deutschen Ufer gelegenen Orte in den Vordergrund gestellt.
Über die Orte am österreichischen und
schweizerischen Ufer unterrichten die
Polyglott-Reiseführer „Vorarlberg" und
„Ostschweiz".

Friedrichshafen (400 m; 52 700 Einw.).
Die heute zweitgrößte Stadt am deutschen Bodensee-Ufer entstand 1811
durch die Zusammenlegung der alten
Reichsstadt *Buchhorn* mit Dorf und Kloster *Hofen;* die Stadt wurde nach Friedrich I., dem ersten König Württembergs,
benannt. Die 1654 bis 1701 errichteten
Gebäude des Nonnenklosters Hofen wurden 1824 bis 1830 zur königlichen Sommerresidenz umgebaut. Die ehemalige
Klosterkirche, heute *Schloßkirche* genannt, wurde 1695 bis 1701 von Christian
Thumb erbaut und von Mitgliedern der
Wessobrunner Künstlerfamilie Schmuzer
mit Stukkaturen geschmückt.

Weithin bekannt wurde Friedrichshafen, das bereits Mitte des 19. Jahrhundert Industriestadt wurde, durch
den Luftschiffbau des Grafen Ferdi-
nand von Zeppelin (1838–1917; aus
Konstanz). Die Sammlungen des
Zeppelin-Museums (im Nordflügel
des Rathauses; geöffnet, außer montags,von 10–12 und 14–17 Uhr, Mai-
bis Okt. tägl. 10–17 Uhr, auch im
Winter mittwochs bis 19 Uhr), das ein
Teil des *Städtischen Bodensee-Mu-
seums* (Kunstschätze aus Oberschwaben und dem Bodenseegebiet) ist, beziehen sich auf die Pionierzeit der
Luftschiffahrt.

In der Friedrichstraße 14 befindet sich
das *Friedrichshafer Schulmuseum* (von
Mai bis Okt. tgl. außer montags 10–17
Uhr, von Nov. bis April tgl. außer montags 14–17 Uhr geöffnet).

❶ Tourist-Information, Friedrichstr. 18.

🚲 Lindau, Singen, Ulm u. a. – ✈.

🚃 Aulendorf, Lindau, Markdorf,
Radolfzell, Ravensburg, Tettnang u. a.

🚢 Bregenz, Konstanz, Romanshorn.

🏨 „Buchhorner Hof", Friedrichstr. 33;
„Krone", Schnetzenhausen u. a. – 🏨
„Goldenes Rad", Karlstr. 43 u. a. – 🛆
Lindauer Str. 3. – 🛆 Dimmler; Fisch-
bach. – 🏊 Frei- und Hallenbäder.

Man verläßt Friedrichshafen auf der B
31, die am Naturschutzgebiet *Eriskircher
Ried* entlang nach *Eriskirch* (401 m; 3500
Einw.), 6 km, führt. In dem hübschen Erholungsort (Strandbad; einfache Gasthöfe und Pensionen) steht die Pfarrkirche
Unserer lieben Frau (um 1400; Wand- und
Glasmalereien. frühes 15. Jh.). Am östli-
chen Ortsausgang von Eriskirch zweigt
von der B 31 nach rechts die nach

Langenargen (400 m; 6000 Einw.),
10 km, führende Straße ab. Der oft als
„Sonnenstube am Bodensee" bezeichnete
Ort bestand schon im 8. Jahrhundert und
war von 1290 bis 1780 Besitz der Grafen
von Montfort, die dort ein *Schloß* erbau-
en ließen (1780 verfallen), an dessen Stelle
auf Veranlassung von König Wilhelm I.
von Württemberg in den Jahren 1861 bis
1866 ein Schloß in maurischem Stil errichtet wurde, das als Wahrzeichen Langen-
argens gilt. Die schön gelegene barocke
Kirche *St. Martin* (1718–1722) besitzt eine beachtenswerte Innenausstattung, zu
der ein Schutzengelbild gehört, eine Ju-
gendarbeit des aus Langenargen stammenden und in Wien als Maler und Ra-
dierer zu Ruhm gelangten Franz Anton
Maulbertsch (1724–1796). Das *Museum
Langenargen* umfaßt Münz- und Gemäl-
desammlungen.

🚲 Lindau, Singen.

🚢 Strecke Konstanz-Bregenz.

🚃 Friedrichshafen, Lindau.

🏨 „Seeterrasse"; „Schiff";, „Litz".

🏠 „Laugele"; „Schwedi"; „Klett".

🏊 Frei- und Hallenbad.

Kressbronn (400 m; 7000 Einw.), 15 km,
ist wie Langenargen staatlich anerkannter Erholungsort (besonders schön zur
Obstbaumblüte) bei den Campern und
Familien mit Kindern sehr beliebt.

🚲. – 🚃. – 🚢 wie Langenargen.

🏨 „Strandhotel"; „Seehof".

🛆 „Gohren"; „Iriswiese".

🏊 Frei- und Hallenbad.

Nonnenhorn (400 m; 1550 Einw.), 17 km,
liegt bereits in Bayern. Vor der gotischen
Jakobskapelle (15. Jh.) steht ein *Seegfrör-
ne-Stein,* ein zweiter steht beim Gasthof
„Seewirt" (oder „Zum Engel"; in der See-
wirtstube schöne barocke Decke). Die

beiden Steine erinnern an das Zufrieren des Bodensees (Seegfrörne) in den Jahren 1880 und 1963. – Sehenswerter Weintorkel (Kelter aus dem Jahr 1591).

🚗. – 🚌. – ⛴ wie Langenargen.

🏨 „Engel"; „Zum Torkel"; „Zur Kapelle".

🏊 . – ⬛ Beheiztes Freibad.

*Wasserburg (400 m; 2600 Einw.), 19 km, bildete früher eine kleine Herrschaft, die 1592 bis 1755 den Fuggern gehörte (an die Fugger erinnert die *Fuggersäule;* ihr *Schloß* ist heute Hotel). Das *Denkmal des Lieben Augustin* weist darauf hin, daß der Bodenseeroman „Der liebe Augustin" von H. W. Geißler zum Teil in Wasserburg spielt.

🚗. – 🚌. – ⛴ wie Langenargen.

🏨 „Lipprandt"; „Schloß Wasserburg".

🏊 „Eschbach". – ⬛.

Auf der Weiterfahrt kommt man am Lindauer Ortsteil *Bad Schachen* (🏨 „Bad Schachen"; 🏨 „Schachen-Schlößle") vorbei und durch den Lindauer Ortsteil *Aeschach* ins Zentrum von

**Lindau, 25 km, siehe Seite 31.

Man verläßt Lindau auf der *Bregenzer Straße* und überquert die deutsch-österreichische Grenze.

Österreichisches Ufer

Bregenz (400 m, 27 000 Einw.), 34 km, ist die am Fuß des *Pfänders* gelegene Hauptstadt des Bundeslandes Vorarlberg. Die meisten Sehenswürdigkeiten befinden sich in der *Alt- oder Oberstadt,* die auf das keltisch-römische Brigantium zurückgeht. Im *Martinsturm* (14. Jh.; spätere Aufbauten) befindet sich die *Martinskapelle* mit Fresken aus dem 14. Jahrhundert. An der *Rathausstraße* stehen das *Rathaus* (1686) und die *Seekapelle* (1696–1698; schöner Renaissancealtar). Die auf einem Hügel gelegene Pfarrkirche *St. Gallus* (14.–15. Jh.; im 18. Jh. barockisiert) besitzt eine gute Innenausstattung. An der *Kornmarktplatz* steht das besuchenswerte *Landesmuseum* (geöffnet – außer montags – von 9–12 und 14–17 Uhr). An der *Kornmarktstraße* sind das *Gasthaus zum Kornmesser* (um 1720) und die barocke *Nepomuk-Kapelle* (1757) sehenwert. Im Ortsteil *Mehrerau* liegen das *Festspiel- und Kongreßhaus* mit der *Seebühne* (im Juli-August finden hier die *Bregenzer Festspiele* statt) und das *Zisterzienserkloster Mehrerau* (Klosterbauten 18. Jh.; Kirche von 1856).

Zur Abrundung des Bregenz-Besuches gehört eine Fahrt mit der Pfänder-Seilbahn auf den 1064 m hohen *Pfänder* und eine Besichtigung des *Alpenwildparks.*

Man passiert zwischen *Hard* und *Fußach* den Rheindurchstich und überquert zwischen *Höchst* und *St. Margrethen* den die Grenze (Österreich/Schweiz) bildenden *Alten Rhein.*

Schweizerisches Ufer

Von der schweizerischen Grenzstation *St. Margrethen* (5100 Einw.), 46 km, die sich zu einem kleinen Mineralbad entwickelt hat, kommt man über das malerische Städtchen *Rheineck* (3200 Einw.; Rathaus von 1555; ansehnliches Bürgerhaus

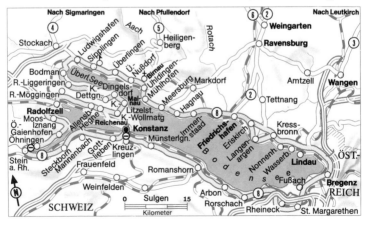

„Löwenhof" von 1746) in die alte Hafenstadt *Rorschach* (10 000 Einw.), 59 km. Ihre Sehenswürdigkeiten sind das am Hafen stehende barocke *Kornhaus* (1746–1749; heute bedeutendes Heimatmuseum, geöffnet Mitte April bis Mitte Oktober dienstags bis sonntags von 10–12 und 14–17 Uhr), die barocke Stadtpfarrkirche *St. Columban* (17. und 18. Jh.) und das hochgelegene ehemalige *Kloster Mariaberg*.

Es empfiehlt sich, von Rorschach aus einen Abstecher nach *St. Gallen* (12 km) zu machen und dort das ehemalige *Benediktinerkloster* zu besuchen, das vom 9. bis 11. Jahrhundert eines der großen Kulturzentren Alemanniens war.

Am Bodenseeufer entlang fährt man nach *Arbon* (17 000 Einw.), 65 km, dem Arbor Felix der Römer. Aus der Zeit um 1000 stammen die untere Teil des *Schloßturms* (das im 16. Jh. erbaute Schloß ist heute *Historisches Museum)* und ein Teil der *Galluskapelle.*

Das auf einer Halbinsel gelegene *Romanshorn* (8600 Einw.), 76 km, ist eine gepflegte Hafenstadt (Autofähre nach Friedrichshafen; *Seeparkanlagen* mit schöner Aussicht). Über *Landschlacht (Leonhardskapelle* mit sehr guten Wandmalereien aus dem 14. und 15. Jh.), 88 km, *Münsterlingen* (barocke *Kirche* von 1709 mit sehenswerter Innenausstattung, darunter seit 1963 der *Johanneskopf* aus Hagnau) kommt man nach *Kreuzlingen* (17 000 Einw.), 94km, der Nachbarstadt von Konstanz. In der *Ölbergkapelle* der Pfarrkirche (1650 bis 1653) befindet sich ein aus rund 280 Figuren (um 1740) bestehender Ölberg.

Man fährt weiter in die von schweizerischem Gebiet umschlossene Stadt

*Konstanz, 95 km, siehe Seite 23.

Mit Konstanz verläßt man den *Obersee* und setzt die Fahrt am Ufer des *Untersees* fort. Dabei kommt man zunächst nach *Gottlieben,* 99km, dessen *Drachenburg* (1617) als eines der schönsten Riegelhäuser (Form des Fachwerkhauses) der Schweiz gilt. Im *Schloß* (1250; 1837/38 in neugotischem Stil umgebaut) wurde der Reformator Hus bis zu seinem Tod gefangengehalten.

Man erreicht *Mannenbach-Salenstein,* 107 km, über dem die *Schlösser Salenstein, Louisenberg* (1817 von einer Hofdame der früheren Königin Hortense, siehe rechts, erworben), *Eugensberg* (1816 für Eugène Beauharnais, Stiefsohn Napoleons und Vizekönig von Italien, erbaut)

Stein am Rhein

und *Arenenberg* stehen. Arenenberg wurde 1540 bis 1546 erbaut (später umgebaut) und 1817 von Hortense Beauharnais (Stieftochter Napoleons, Gattin von Napoleons Bruder Louis, dem König von Holland, und Mutter des späteren Kaisers Napoleon III.) erworben und klassizistisch umgestaltet. Das Schloß ist heute *Napoleon-Museum* (von Mai bis September von 9–12 und 13.30–18 Uhr, im April und Oktober von 10–12 und 13.30–17 Uhr, von November bis März 10-12 und 13.30-16 Uhr).

Das mittelalterliche Städtchen *Steckborn* (3500 Einw.), 112 km, besitzt beachtenswerte *Riegelhäuser,* ein *Rathaus* von 1667, das *Schlößchen Turmhof* (14. und 17.Jh., heute *Heimatmuseum* (mittwochs/donnerstags und samstags/sonntags 15–17 Uhr; Oktober bis April geschlossen).

Über *Burg,* das zum Teil auf den Ruinen eines römischen Grenzkastells steht (Kirche mit Fresken aus der Zeit um 1400), und über die Rheinbrücke kommt man nach **Stein am Rhein* (2500 Einw.), 123 km, das zu den schönsten mittelalterlichen Städten der Schweiz zählt, und zwar vor allem wegen seines Gesamtbildes, das besonders am *Marktplatz* und an der *Hauptstraße* durch Häuser mit Fassadenmalereien (z. B. Haus *Weißer Adler,* Hauptstraße 14) mitgeprägt wird. An der Rheinbrücke liegt der Gebäudekomplex des *Klosters St. Georgen* (romanische Kirche aus dem 11.Jh.), in dem sich heute das *Klostermuseum* (mit *Heimatmuseum*) befindet (geöffnet von 1. Februar bis 30. September von 9–12 und 13.30–17 Uhr). Hoch über dem Städtchen steht die *Burg Hohenklingen* (13.Jh.).

Unmittelbar östlich von Stein am Rhein kommt man wieder auf deutsches Gebiet und fährt nun über die Ferienorte *Öhningen* und *Gaienhofen-Hemmenhofen* nach der Halbinsel *Höri* (Schienerberg,

61

708 m). Gaienhofen ist Station der Schwäbischen Dichterstraße. An der Kapellenstraße steht das Haus, in dem der Dichter *Hermann Hesse* von 1904 bis 1907 gewohnt hat, und das Haus Am Erlenloh diente ihm bis 1912 als Wohnsitz. In dem Haus Ludwig-Finckh-Weg wohnte der Arzt und Erzähler *Ludwig Finckh* von 1905 bis 1964 (zu seinen heimatverbundenen Werken gehören „Der Rosendoktor" und die „Reise nach Tripstrill"). In der Gemeindebücherei befindet sich eine Hesse-Finckh-Stube.

Man fährt weiter über *Moos-Iznang (Geburtshaus* von *Franz Anton Mesmer,* 1743–1815, der die Lehre von der Heilkraft eines tierischen Magnetismus begründete) und am Ufer des *Unter-* und *Zellersees* entlang nach

Radolfzell (400 m; 25 000 Einw.), 146 km, einem Kneippkurort, zu dem u. a. das 3 km östlich gelegene *Markelfingen* (anerkannter Erholungsort) gehört. Die Stadt geht auf eine Kirchengründung des Veroneser Bischofs Radolf um 826 zurück. Die Ansiedlung entwickelte sich zu einem wichtigen Handelsplatz und erhielt 1267 Stadtrechte (1415 Reichsstadt). Von der mittelalterlichen Stadtbefestigung sind der *Pulver-, Höll- und Schützentorturm* erhalten. Das bedeutendste mittelalterliche Bauwerk ist das fünfschiffige *Liebfrauenmünster* (15. Jh.), in dessen nördlichem Seitenschiff der *Drei-Hausherren-Altar* (1750) steht (der Name weist auf die drei Heiligen hin, deren Reliquien im Münster aufbewahrt werden und zu deren Ehren das *Hausherrenfest* am dritten Julisonntag gefeiert wird). Von den übrigen älteren Bauten sind das *Ritterschaftshaus* der Adelsgesellschaft zum St.-Georgen-Schild (1609; verändert; heute Amtsgericht) und das *Österreichische Schlößchen* (1626; Marktplatz 8) zu nennen.

Radolfzell ist Station der Schwäbischen Dichterstraße. Der Dichter *Joseph Victor von Scheffel* (s. S. 49) baute 1872/1873 das Haus Seehalde (Scheffelstraße 14; heute Staatliches Forstamt) und erwarb 1876 einen Gutshof auf der Halbinsel *Mettnau* (Strandbadstraße 104), der heute *Scheffelschlößchen* genannt wird. Die Mettnau ist Kurzentrum von Radolfzell geworden (Kurpark, Bewegungstherapie).

❶ Verkehrsamt, im Rathaus, Marktplatz.

🚂 Konstanz, Lindau (München), Singen (Dortmund), Schaffhausen.

🚌 Konstanz, Singen, Stein am Rhein, Stockach, Meersburg, Friedrichshafen.

⛴ Konstanz, Meersburg, Lindau, Reichenau, Stein am Rhein, Schaffhausen.

🏨 „Am Stadtgarten", „Kreuz", „Zum Adler".

ô „Braun", „Petra".

⚓ Mettnau, Markelfingen. – ⏛. – Segel- und Surfschule; Drachenflugschule.

Von Radolfzell aus macht man eine Rundfahrt um die Halbinsel *Bodanrück,* die zwischen dem *Gnadensee* und dem *Überlinger See* liegt. Über das bereits erwähnte *Markelfingen* und den Erholungsort *Allensbach* (Meinungsforschungsinstitut) kommt man nach *Allensbach-Hegne,* 157 km, dessen Renaissanceschloß (heute Kloster) früher Sommerresidenz der Bischöfe von Konstanz war. – ⚓ „Allensbach" und „Hegne". – ⏛.

In *Konstanz-Wollmatingen* biegt man von der B 33 nach links ab und fährt über *Konstanz-Litzelstetten,* 165 km, das am Überlinger See gelegene *Dingelsdorf,* 168 km (⚓ „Fließhorn"; ⏛), und über *Dettingen* (⏛), 170 km, die beide ebenfalls zu Konstanz gehören, nach *Radolfzell-Liggeringen,* 180 km. Von dort nach man einen Abstecher (2,5 bis 4 km je Weg) nach *Radolfzell-Möggingen* und zum Naturschutzgebiet am fischreichen *Mindelsee.* Bei Möggingen steht das *Hochschloß* (vorwiegend 17. Jh.) der Freiherren von Bodman. Nach diesem Abstecher fährt man von Liggeringen aus in nordwestlicher Richtung weiter und biegt nach 4 km nach rechts ab. Man erreicht

Bodman (410 m), 186 km, einen Ortsteil von *Bodman-Ludwigshafen* (3300 Einw.). Der Ort ging hervor aus einem merowingisch-karolingischen Verwaltungssitz, nach dem schließlich der vorher nach Bregenz benannte See *Bodman-See* (daraus wurde Bodensee) genannt wurde. Über dem Ort ragt der *Frauenberg* mit der

Blick auf Bodman

spätgotischen *Liebfrauenkapelle* (erbaut an der Stelle der ältesten Burg der Herren von Bodman) empor. Von ihm durch einen Geländeeinschnitt getrennt ist der Berg, der die Ruine der nach der Zerstörung der Burg auf dem Frauenberg (1307) erbauten *Burg Altbodman* trägt. Das im Ort gelegene *Schloß* (18.–20. Jh.) ist Wohnsitz der Grafen von Bodman.

🚎 Friedrichshafen, Radolfzell; zugleich Verbindung zu den Bahnhöfen Radolfzell und Ludwigshafen.

🚢 Ludwigshafen, Überlingen.

⌂ „Linde am See". – ⌂ „Seehaus".

⌂ Strandbad.

Man umfährt das Mündungsgebiet der *Stockacher Aach* und erreicht das heute mit Bodman eine Gemeinde bildende

Ludwigshafen (400 m), 192 km. Das alte Sernatingen wurde nach Anlage des Hafens (1826) zu Ehren des Großherzogs Ludwig von Baden in Ludwigshafen umbenannt. Der Tourismus spielt für den Ort eine große Rolle.

🚐 Lindau, Singen.

🚎 Friedrichshafen, Radolfzell u. a.

🚢 Bodman, Überlingen.

⌂ „Krone"; „Adler".

⚓ „See-Ende".

Man kommt in den anerkannten Erholungsort (zwei Sporthäfen) *Sipplingen* (410 m; 2000 Einw.), der vom *Sipplinger Berg* (707 m) überragt wird. Am Hang über dem Dorf liegen der ⌂ „Gasthof Sternen" und – weiter hinauf – das Restaurant „Haldenhof", von dem aus man einen großartigen Blick auf die Bodenseelandschaft hat und in dem es eine *Minnesänger-Stube* gibt. Die in der Nähe gelegene *Burg Hohenfels* (Ruine) gilt nämlich als die Geburtsstätte des Minnesängers Burkard von Hohenfels (13. Jh.). Zu Sipplingen gehört auch das Pumpwerk, das Bodenseetrinkwasser in verschiedene Teile Württembergs schafft.

Am Seeufer entlang fährt man nach

*Überlingen, 202 km, siehe Seite 25.

Durch den zu Überlingen gehörenden Ferienort *Nußdorf* (Hotels wie ⌂ „Seehotel Zolg", Gasthöfe, Pensionen; spätgotische Kapelle mit gutem Schnitzaltar aus dem 15. Jh.) kommt man zu der zu *Uhldingen-Mühlhofen* gehörenden ****Wallfahrtskirche Birnau,** 207 km, die auf S. 26 beschrieben wird.

Unteruhldingen: Pfahlbaumuseum

Uhldingen-Mühlhofen (400 m; 6200 Einw.), 210 km, ist mit seinem am Seeufer gelegenen Ortsteil *Unteruhldingen* einer der bekanntesten Ferienorte am Bodensee. In Unteruhldingen ist auch das **Freilichtmuseum Deutscher Vorzeit* (Seepromenade 6), die Rekonstruktion von Pfahlbauten der Stein- und Bronzezeit, aufgebaut. Die ausgestellten Funde wurden am Bodensee, am Federsee und in der Schweiz gemacht (geöffnet April bis Oktober täglich 8–18, sonst samstags und sonntags 9–17 Uhr).

🚐. – 🚎 Friedrichshafen, Radolfzell.

🚢 Überlingen – Konstanz – Bregenz.

⌂ „Seehalde " in Maurach.

⌂ „Café Knaus" und „Seehof", in Unteruhldingen.

⚓ Seeperle, Seefelden und Maurach.

⌂ Frei- und Hallenbad.

Die Bodenseeuferstraße führt weiter nach ****Meersburg,** 215 km (s. S. 27).

Von dort erreicht man über *Hagnau* (s. S. 28) den Erholungsort

Immenstaad am Bodensee (400 m; 5700 Einw.), 225 km. Der Badeort verfügt über viele und gute touristische Einrichtungen, (u. a. Ferienwohnpark mit Ferienhäuschen und Bungalows; Haus des Gastes).

🚢 Strecke Bregenz – Konstanz.

🚎 Friedrichshafen, Radolfzell.

⌂ „Seehof" mit guter Küche.
⌂ „Pension Röhrenbach".

⚓ „Schloß Kirchberg"; „Schloß Helmsdorf". – ⚓.

Friedrichshafen, 235 km, siehe Seite 59.

Register